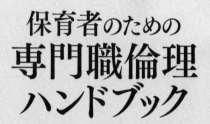

保育者のための
専門職倫理ハンドブック

事例から学ぶ実践への活用法

亀﨑美沙子
鶴宏史
中谷奈津子

明石書店

亀﨑 美沙子

I. 本書の趣旨

(1) 本書の趣旨

　本書は、日々の実践において様々な問題に直面している保育者が、確固たる根拠に基づいて問題を解決するための一助となることを願って、企画されました。

　著者である亀﨑・鶴・中谷の3名は、JSPS科研費JP21K02333（代表者：亀﨑美沙子）の助成を受け、アメリカのNational Association for the Education of Young Children（以下、NAEYC）の倫理綱領に学びながら、保育者の専門職倫理に関する研究に取り組んできました。本書はその研究成果をベースとしながら、保育所、認定こども園、幼稚園等において、日々実践に向き合っておられる関係者の方々に向けて、まとめたものです。とりわけ、保育者が日々の実践において様々な倫理的問題に直面した際に、その問題の性質を見極め、問題解決に取り組むための参考書となることを意図しています。そのため、本書は研究成果をベースとしつつも、ほとんどの内容を新たに書き下ろしています。

　本書の扱う「専門職倫理」は、保育者にとって"難しい"と感じられることが少なくありません。そこで、専門職倫理を初めて学ぶ方にも、できるだけ理解しやすく、また、それぞれの個別具体的な実践に引きつけながら読み進めることができるよう、心がけました。

(2) 本書刊行の背景

　ではなぜ、私たちの研究チームが、保育者の専門職倫理に関する書籍

を刊行するに至ったのか、その背景について簡単に触れておきたいと思います。

　保育者は日々の実践において、様々な葛藤に直面します。とりわけ、保育士には法律上、「保育」と「子育て支援」という2つの役割が規定されています。このような職務の二重性によって、保育者はしばしば"子どものために""保護者のために"という思いの間で、板挟みとなることが指摘されています[1]。このような場合に、保育者がいかにして"子どもの最善の利益"を保障するのかが問われます。この問題は、専門職としての倫理的責任の問題です。

　では、このような倫理的問題をどのように解決すればよいのでしょうか。諸外国の保育者もまた、実践において様々な倫理的問題に直面していることが報告されており、その解決のために、専門職倫理の整備と活用が進められてきました[2]。このことを踏まえると、わが国においても、保育者の専門職倫理を活用することで、実践における倫理的問題の解決が可能になると考えられます。

　わが国には、乳幼児教育・保育施設に従事する保育者の専門職倫理を明文化したものとして、前文と8か条からなる「全国保育士会倫理綱領」があります。これは、2003年に保育士資格が国家資格として法定化されたことに伴い、策定されたものです。この倫理綱領の策定から20年以上が経過していますが、この間、保育者の専門職倫理に関する議論は、それほど活発には行われてきませんでした。

　現在のところ、わが国には、「保育者の実践において、子どもの最善の利益をいかにして保障するのか？」という問いに、明確に答えられるような意思決定の仕組みがありません。また、保育者の養成教育においても、現職教育においても、保育者が専門職倫理を学ぶ機会は多くありません。このような状況は、近年、相次いで報告されている「不適切な保育」[3]とも無関係ではないように思います。

（3）アメリカの NAEYC 倫理綱領から学ぶ

　一方、アメリカは世界に先駆けて、保育者が直面する倫理的問題に取り組んできました。NAEYC では、1980 年代から保育者の直面する倫理的問題に関する継続的な議論が行われています。その一連の取り組みを通して、保育者としての中核的価値や原則を明らかにし、倫理的ジレンマを含む様々な倫理的問題を解決することを意図して、1989 年に倫理綱領（以下、NAEYC 倫理綱領）を策定しています。さらに、1999 年には NAEYC 倫理綱領を実践に活用するためのガイドブック（*Ethics and the Early Childhood Educator: Using the NAEYC Code*）も作成されています。

　NAEYC 倫理綱領は、実践における 7 つの中核的価値と、そこから導かれる保育者の倫理的責任から構成されています。とりわけ、保育者の倫理的責任は「子ども」「家族」「同僚」「地域と社会」のそれぞれに対する「原理（Ideal）」と「原則（Principle）」が示されており、専門職として何をすべきか、あるいはすべきではないのかが明確です。この NAEYC 倫理綱領は、他国でも参考にされており、わが国の専門職倫理の議論において大いに役立つものと考えられます。

　私たちの研究チームでは、このようなアメリカの先進的な取り組みに学びながら、保育者が直面する倫理的問題に関する研究に取り組んできました。まず、アメリカの保育者が直面している倫理的問題を把握するために、NAEYC の専門誌に掲載された倫理的ジレンマ事例を収集し、倫理的責任の対象に焦点を当てて事例を分類しました。次に、これらの事例から日本版倫理的ジレンマ事例を作成し、国内でインタビュー調査を実施しました。あわせて、わが国の実践の参考資料として、NAEYC 倫理綱領とそのガイドブックの翻訳に取り組んできました。これらの研究成果をもとに、保育関係者が倫理的問題に取り組む際の参考書となることを願い、本書を刊行することとしました。

2．本書の構成と活用方法

　本書は〈理論編〉〈実践編〉という２つのパートで構成されています。〈理論編〉では、保育者の実践における専門職倫理の必要性や保育者の専門職倫理をめぐる現状について述べています。また、本書が基礎におくアメリカの NAEYC 倫理綱領と、これを活用した倫理的問題の解決の手順等について詳述しています。最後に、本書の基盤となる研究プロジェクトの概要を紹介しています。

　続く〈実践編〉では、わが国の保育者が遭遇しうる倫理的問題として、①法的責任の問題、②倫理的責任の問題、③倫理的ジレンマ、④「困り感」の４つのカテゴリー別に、その解決の道筋を示しています。ここで取り上げるのは、国内調査をもとに作成した架空の事例です。これらの事例について、どのように問題の性質を特定し、専門職倫理に基づいてどのように解決すべきかを、『NAEYC 倫理綱領ガイドブック』等をもとに詳述しています。

　本書の活用方法として、〈理論編〉で専門職倫理や本書の趣旨を踏まえたうえで、〈実践編〉を読んでいただくだけでなく、〈実践編〉から読み始め、問題解決のプロセスを把握したうえで、〈理論編〉でこれらの基礎となる専門職倫理の内容の理解を深めていただくことも可能です。あるいは、ご自身の直面している課題に応じて、〈実践編〉の事例を部分的に参照することも可能です。それぞれの必要性や関心に応じて、本書をご活用いただければ幸いです。

　最後に、巻末資料として、研究会で取り組んできた NAEYC 倫理綱領の和訳を掲載しています。あわせて、関係する複数の倫理綱領を参考資料として掲載しています。

はじめに

3. 本書における用語および活用する文書等について

（1）本書で活用する倫理綱領等について

本書では、特に〈実践編〉において様々な法令や告示、倫理綱領、ガイドブック等を引用しながら、事例の解説を行っています。これらは、今後、法改正や改定（改訂）がなされることが想定されますが、本書では、2024年6月時点における最新版を引用しています（表0-1）。

表 0-1　本書で取り扱う主な文書の概要

法令・書名等	発行・発表年
保育所保育指針	2017 年版
幼保連携型認定こども園教育・保育要領	2017 年版
全国保育士会倫理綱領	2003 年策定
Code of Ethical Conduct and Statement of Commitment（以下、NAEYC 倫理綱領）	2011 年更新
Ethics and the Early Childhood Educator (Third Edition)（以下、『NAEYC 倫理綱領ガイドブック』）	2018 年

（2）子どもの権利条約の訳文について

本書の〈実践編〉では、「児童の権利に関する条約（以下、子どもの権利条約）」を引用し、解説を行っています。子どもの権利条約には、政府訳、ユニセフ訳、国際教育法研究会訳など、複数の翻訳がありますが、本書では頻繁に引用されている国際教育法研究会訳を引用しています。

政府訳では児童福祉法に準じた「児童」が用いられています。しかし、「こども基本法」「こども大綱」「子ども家庭福祉」といった用語に見られるように、近年では、「児童」よりも「子ども」や「こども」と

7

いう表記が用いられることが一般的です。「児童」という言葉は「〈保護の対象〉という子ども観に立脚しており、権利行使の主体という条約の子ども観が伝わりにくい」との見解も見られます[4]。また、こども大綱においても、「こどもの権利条約」という表記が用いられています。

　以上の理由に加えて、内容のわかりやすさを考慮し、本書では国際教育法研究会訳を採用しています。

（3）本書で用いる用語について

　本書で用いる用語は、表0-2の通りです。

表0-2　本書で用いる用語とその内容

用語	内容
園	保育所、認定こども園、幼稚園、その他の乳幼児教育・保育に関わる施設。ただし、特定の施設種別を指す場合には「保育所」「認定こども園」「幼稚園」等と表記する。
保育者	保育士、保育教諭、幼稚園教諭、資格・免許を保有しない保育従事者。
NAEYC	National Association for the Education of Young Children（全米乳幼児教育協会）
NAEYC 倫理綱領	Code of Ethical Conduct and Statement of Commitment
『NAEYC 倫理綱領ガイドブック』	*Ethics and the Early Childhood Educator (Third Edition)*

（4）NAEYC 倫理綱領の訳文について

　本書の〈実践編〉では、著者らが和訳を行ったNAEYC倫理綱領を活用しています。NAEYC倫理綱領の翻訳にあたり、表0-3に示す対訳を用いています。

はじめに

表 0-3 NAEYC 倫理綱領における対訳一覧

原文	訳語
Teacher	保育者（文脈に即して「教師」とする）
Educator	保育者
Early childhood educator	保育者
Colleague	同僚（管理職等、様々な職位を含む。本文中、必要に応じて単語を併記）
Coworker	同僚（同じ職種、同水準の職位。本文中、必要に応じて単語を併記）
Staff	職員
Program	文脈に即して「園」「保育プログラム」等
Kindergarten	キンダーガーデン
Classroom	保育室
Program administrators	管理者
Director／Program director	園長
Ideal	原理
Principle	原則
you/we	保育者
Ethical decision making	倫理的意思決定
Program's board	役員会
Professional	専門職

9

注・引用文献

1) 亀﨑美沙子（2023）『子育て支援における保育者の葛藤と専門職倫理——「子どもの最善の利益」を保障するしくみの構築にむけて』明石書店

2) 同上

3) こども家庭庁による「保育所等における虐待等の防止及び発生時の対応等に関するガイドライン（令和5年5月）」では、「不適切な保育」とは、「保育所での保育士等による子どもへの関わりについて、保育所保育指針に示す子どもの人権・人格の尊重の観点に照らし、改善を要すると判断される行為」とされています。

4) 子どもの人権連ホームページ「子どもの権利条約」（https://www.jinken-kodomo.net/zyoyaku/、2024年6月5日情報取得）

参考文献

喜多明人・森田明美・広沢明・荒牧重人編（2009）『[逐条解説] 子どもの権利条約』日本評論社

こども家庭庁「こども大綱（令和5年12月22日閣議決定）」

保育者のための専門職倫理ハンドブック
目次

はじめに　　　3

【亀﨑 美沙子】

1．本書の趣旨　　　3

（1）本書の趣旨／（2）本書刊行の背景／（3）アメリカの NAEYC
倫理綱領から学ぶ

2．本書の構成と活用方法　　　6

3．本書における用語および活用する文書等について　　　7

（1）本書で活用する倫理綱領等について／（2）子どもの権利条約
の訳文について／（3）本書で用いる用語について／（4）NAEYC
倫理綱領の訳文について

理 論 編

第1章　保育者の実践をめぐる課題と専門職倫理の必要性　　　19

【鶴 宏史】

第1節　「不適切な保育」をめぐる議論　　　19

第2節　実践における専門職倫理の必要性　　　23

1．専門職倫理とは　　　23

2．倫理綱領とは　　　25

第3節　日本における保育者の専門職倫理をめぐる現状　　　29

1．倫理綱領の有効性の範囲　　　29

2．保育者の専門職としての価値や具体的な行為基準の明確化　　　30

3．保育者や学生への倫理教育のあり方　　　31

4．倫理的問題に対する取り組み　　　　　　　　　　33

　　おわりに　　　　　　　　　　　　　　　　　　　　　　33

第2章　NAEYC 倫理綱領に学ぶ　　　　　　　　　37

【鶴 宏史】

第1節　NAEYC による倫理的問題への取り組み　　　37
　　1．NAEYC 倫理綱領の概要　　　　　　　　　　　　37
　　　　（1）NAEYC 倫理綱領の対象／（2）NAEYC 倫理綱領の構成と
　　　　内容／（3）NAEYC 倫理綱領のガイドブック
　　2．倫理的問題とその対応　　　　　　　　　　　　　40
　　　　（1）第1部：問題の性質を決定する／（2）第2部：ジレンマの
　　　　分析
第2節　NAEYC 倫理綱領の実践への活用法　　　　　45
　　1．事例の概要　　　　　　　　　　　　　　　　　　45
　　2．事例に基づく倫理的ジレンマの対応プロセス　　　46
　　　　（1）問題の性質を決定する／（2）倫理的ジレンマの解消のための
　　　　プロセス
　　おわりに　　　　　　　　　　　　　　　　　　　　　　50

第3章　わが国における保育者の倫理的問題　　　51

【鶴 宏史】

第1節　本研究プロジェクトの概要　　　　　　　　51
　　1．研究の目的　　　　　　　　　　　　　　　　　　51
　　2．研究の方法　　　　　　　　　　　　　　　　　　52
　　　　（1）文献研究／（2）インタビュー調査
第2節　事例の分析枠組み　　　　　　　　　　　　54

実践編

第4章 保育における倫理的問題 ①法的責任の問題 61

【亀﨑 美沙子】

第1節 虐待の疑いのある子どもへの対応 61
〈事例1〉子ども虐待の疑い 61
第2節 問題の性質を特定する 63
第3節 保育者の倫理的責任を理解する 65
1. 法令から考える 65
2. 倫理綱領から考える 67
（1）「全国保育士会倫理綱領」から考える／（2）NAEYC倫理綱領から考える
3. 子どもの権利条約から考える 73
第4節 よりよい実践にむけて 75

コラム 児童虐待とは 78

第5章 保育における倫理的問題 ②倫理的責任の問題 81

【中谷 奈津子】

第1節 肌の弱い子どもへの与薬行為とその対応 81
〈事例2〉肌の弱い子どもへの与薬行為とその対応 81
第2節 問題の性質を特定する 83
第3節 保育者の倫理的責任を理解する 86
1. 保育所保育指針、幼保連携型認定こども園教育・保育要領およびその解説から考える 86

2. 倫理綱領から考える　　　　　　　　　　　　　87

（1）「全国保育士会倫理綱領」から考える／（2）NAEYC 倫理

綱領から考える

第4節　よりよい実践にむけて　　　　　　　　　93

コラム　与薬について　　　　　　　　　　　　　95

第6章　保育における倫理的問題　③倫理的ジレンマ　97

【中谷 奈津子】

第1節　午睡をやめさせたい保護者とその対応　　　　　97

〈事例3〉午睡をやめさせたい保護者とその対応　　　　　97

第2節　問題の性質を特定する　　　　　　　　　99

第3節　保育者の倫理的責任を理解する　　　　　102

1. 保育所保育指針、幼保連携型認定こども園教育・保育要領

およびその解説から考える　　　　　　　　102

2. 倫理綱領から考える　　　　　　　　　　103

（1）「全国保育士会倫理綱領」から考える／（2）NAEYC 倫理

綱領から考える

3. 子どもの権利条約から考える　　　　　　　106

第4節　よりよい実践にむけて　　　　　　　　107

コラム　午睡について　　　　　　　　　　　110

第7章　保育における「困り感」　117

【亀﨑 美沙子】

第1節　保育の難しさ　　　　　　　　　　117

〈事例 4〉危険を伴う行動への対応　117

第 2 節　問題の性質を特定する　119

第 3 節　保育者の倫理的責任を理解する　121

　　1.「全国保育士会倫理綱領」から考える　121

　　2.　NAEYC 倫理綱領から考える　123

　　　　（1）子どもに対する倫理的責任／（2）家族に対する倫理的責任

第 4 節　よりよい実践にむけて　127

　　1.　保育の視点から　127

　　2.　子育て支援の視点から　129

　　3.　職員の資質向上および保育の質の向上の視点から　132

おわりに　135

【鶴　宏史】

巻末資料

保育者の倫理綱領および責任声明
― 全米乳幼児教育協会（NAEYC）の公式声明 ―　138

乳児院　倫理綱領　152

全国児童養護施設協議会　倫理綱領　154

社会福祉士の倫理綱領　157

社会福祉士の行動規範　162

理論編

　〈理論編〉では、まず、専門職倫理に関する基本的な概念について述べます。そして、保育者の専門職倫理についてわが国の現状やアメリカの NAEYC 倫理綱領を概観します。

　第1章では、なぜ保育者に専門職倫理が求められるのかを考えるとともに、日本における保育者の専門職倫理について述べていきます。第1節では不適切な保育をめぐる議論を概観し、専門職倫理の必要性を述べます。第2節ではそもそも専門職倫理とは何かについて概観し、そのうえで倫理綱領の役割について解説し、全国保育士会倫理綱領についても触れていきます。第3節では、日本における保育者の専門職倫理の現状を述べます。

　第2章では、アメリカの NAEYC が採択する NAEYC 倫理綱領について解説します。第1節では NAEYC 倫理綱領の概要と、倫理的問題への対応のための倫理的意思決定におけるプロセスについて学びます。第2節では、第1節で学んだ倫理的意思決定のプロセスに沿って倫理的ジレンマの事例検討を行います。

　第3章では、我々の実施した保育者の専門職倫理に関する研究（文献調査、アンケート調査、インタビュー調査）を紹介し、日本の専門職倫理に関する課題に触れます。そして、調査結果をもとに作成した架空事例（第4章から第7章で取り上げる事例）について、どのような視点で作成したかを説明します。

第1章
保育者の実践をめぐる課題と専門職倫理の必要性

鶴 宏史

第1節 「不適切な保育」をめぐる議論

　2022年12月初旬、A県B市内の保育所で1歳児クラスの担任保育士3名が園児に対する暴力・暴言といった不適切な行為を繰り返したことが発覚し、保育士の逮捕に至った事件が報道されました（表1-1）。保育所の管理職や市は、同年8月には保育士の暴力・暴言を把握していたにもかかわらず、管理職による不適切な対応や市の対応の遅れ等があり、公表が遅れたとされています。この事件に代表されるように、2022年以降、保育の現場で「不適切な保育」の問題が相次いで報道されました。

　不適切な保育は、子どもの人権を侵害する行為であるとともに、保育者の専門性や社会的信用を失墜させる行為です。すなわち、保育者の専門職倫理に反する行為です。これらの事件を受けて全国保育士会は、後述する「全国保育士会倫理綱領」や『保育所・認定こども園等における人権擁護のためのセルフチェックリスト』[1] について触れながら、子どもの尊重や子どもの人権擁護に関する意識を高め、自らの保育を振り返

理論編

るように会員に向けてメッセージを送っています[2]。

表 1-1　B 市内の保育所における不適切保育の概要

園が確認し、報告を受けた不適切な保育の内容
1 歳児クラスを担当している 6 人の保育士のうち、3 人の保育士（正規 1、臨時 1、派遣 1）が、不適切な保育を実施していたことを園が確認した。
(1)　ロッカーに入って泣いている園児の姿を携帯電話（個人所有）で撮影
(2)　園児の頭をバインダーでたたき泣かせる
(3)　棚に入った園児の足をつかんで引っ張り出し、足をつかみ宙づりにする
(4)　予め遅刻する旨連絡のあった園児に対し、腕を引っ張り「遅いんだよ」と怒鳴る
(5)　午睡時、寝かせつけた園児に対し、「ご臨終です」と何度も発言
(6)　泣かない園児に対し、額をたたき無理やり泣かせようとする
(7)　昼食時に園児を怒鳴りつけ、ほほをつねる
(8)　日常的に、特定の園児に対し、にらみつけ声を荒げ、ズボンを無理やりおろす
(9)　園児を宙づりにした後、真っ暗な排泄室に放置
(10)　園児の容姿を馬鹿にした呼びかけ（ブス、デブ等）、暴言を浴びせる
(11)　手足口病の症状のある園児のお尻を、無理やり他の園児に触らせる
(12)　給食を食べない園児に対し、突然、後ろから頭をたたく
(13)　不適切な発言をして、玩具が入っている倉庫に閉じ込める
(14)　園児に対し、カッターナイフをみせ脅す
(15)　丸めたゴザで園児の頭をたたく

出典：朝日新聞デジタル 2022 年 12 月 4 日「保育士 3 人を暴行容疑で逮捕、宙づりなど園児虐待の保育園　静岡県警」(https://www.asahi.com/articles/ASQD4421WQD4UTPB004.html、情報取得 2024 年 9 月 10 日) をもとに作成。

　また、当時の厚生労働大臣は、前述の B 市の事件に触れて、「厚労省としては、不適切な保育の未然防止や発生時の対応に関する手引きを作成し周知（中略）今回の事案にあたり早急に改めて注意喚起を行っていきたい」[3] と発言しました。発言中の手引きとは『不適切な保育の未然防止及び発生時の手引き』[4] ですが、この手引きでは不適切な保育が起

こる背景として、保育士一人ひとりの認識の問題と職場環境の問題の2点を挙げています。認識の問題とは、保育士による子どもの人権や人格尊重に関する理解の不十分さのことで、後述する専門職倫理と関係します。職場環境の問題は、保育士の業務過多による負担の多さによって不適切な保育が改善されにくい状況を表しています。不適切な保育の防止にあたっては、これらの改善や、自治体による不適切保育の判断の考え方の整理や防止の徹底等が示されています。

　さて、このような事態を受けて、不適切な保育への対応に関する全国的な実態調査が行われ、2023年5月にこども家庭庁と文部科学省によってその結果が報告されています。自治体調査においては、「不適切な保育が疑われるとして事実確認を行った件数」が保育所では1,492件、そのうち「不適切な保育の事実が確認された件数」は931件との報告がなされました。また、施設調査においては、保育所で「不適切な保育として施設内で確認された件数」が全国で1万9,603件と報告されました。一方で、「0件」と回答する園が全体の72.8％を占めるなど、「不適切」をどのように捉えるかが不明瞭であることが課題として浮かびあがりました。少しでも気になる行為等であれば、それを「不適切な保育」と捉えて多くの件数を報告した施設もあれば、それが指す行為を虐待等と厳密に捉え報告した園も多いものと推察されます[5]。

　同年、こども家庭庁によって作成された『保育所等における虐待等の防止及び発生時の対応等に関するガイドライン』（以下、ガイドラインと記載）[6]では、これまでの「不適切な保育」の捉え方の見直しを図り、図1-1のように「不適切な保育」を「虐待等と疑われる事案」と位置づけ、さらにそのなかには施設における虐待等が含まれうるものとしました。そのうえで、不適切な保育は未然防止や職場環境の改善を要するものであるとの問題提起がなされています。

　そして、このガイドラインでは不適切な保育の予防・対応に関して、保育所等の対応と、市町村・都道府県の対応が示されています。ここで

は前者について触れます。不適切な保育を防止するための保育所等の対応として、まずは「より良い保育に向けた日々の保育実践の振り返り等」が挙げられています。具体的には、保育を振り返るなかで、子どもの人権が配慮されているのか、子ども一人ひとりの人格が尊重されているかを確認することや、保育者一人ひとりが子どもの人権や人格を尊重する意識の共有をすることです。そのために、全国保育士会の『保育所・認定こども園等における人権擁護のためのセルフチェックリスト』といったチェックリストやガイドラインの活用、園内で話し合いができる環境づくりや研修の実施についても言及されています。

また保育の振り返りの後、不適切な保育が疑われる場合は、虐待等に該当するかどうかの確認、市町村等への相談、市町村等の指導等を踏まえた対応といった手順での対応が示されています。

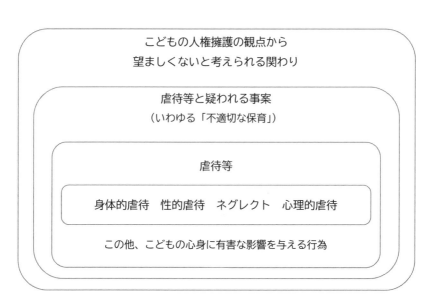

図1-1 「虐待等」と「虐待等と疑われる事案（不適切な保育）」の概念図

出典：こども家庭庁『保育所等における虐待等の防止及び発生時の対応等に関するガイドライン』2023年，p.8を修正

第1章　保育者の実践をめぐる課題と専門職倫理の必要性

　このようにガイドラインでは、不適切な保育を防止するために保育の
振り返りについて触れており、そのなかで、子どもの人権や人格が尊重
されているかを確認することを保育者に求めています。この点は非常に
重要なのですが、それ以前に保育者、あるいは保育者集団が専門職とし
て何を目指して、どのように行動すればよいのかを理解し、それを身に
つけることが求められます。その時に必要となるのが、これから述べる
専門職倫理です。

第2節　実践における専門職倫理の必要性

1. 専門職倫理とは

　いうまでもなく保育士や幼稚園教諭、保育教諭といった保育者は専門
職です。そもそも「専門職とは何か」に関する議論は長く続いています
が、専門職（プロフェッショナル）の要件は以下の4点に整理されます（下
線は筆者による）[7]。

①長期的な教育訓練によって獲得する理論・知識。専門的知識・技術
　に基づく仕事に従事する職業で、そこで必要とされる理論的基礎が長
　期の教育訓練によって獲得されること。
②倫理的規範の存在。サービスの提供において、専門職としての倫理的
　規範に従うことが求められること。
③専門職業団体の存在。能力的また倫理的基準を維持することを主目
　的とした職業団体が存在していること。
④専門領域における独占的権限。専門性や倫理性を保証する内的規制
　が存在し、専門領域の独占的権限が伴うこと。

　このように、①では専門職にはそれにふさわしい専門性に基づく知

23

識（専門的知識）と技術（専門的技術）を有することが求められます。そして、②③④では「倫理的規範」や「内的規制」等とあるように、専門職としての倫理（専門職倫理や倫理綱領）を有することが求められます。

①の専門的知識や専門的技術はイメージしやすいものでしょう。例えば『保育所保育指針解説』では、保育者の専門性を以下のような知識と技術で示しています[8]。

①これからの社会に求められる資質を踏まえながら、乳幼児期の子どもの発達に関する専門的知識をもとに子どもの育ちを見通し、一人一人の子どもの発達を援助する知識及び技術

②子どもの発達過程や意欲を踏まえ、子ども自らが生活していく力を細やかに助ける生活援助の知識及び技術

③保育所内外の空間や様々な設備、遊具、素材等の物的環境、自然環境や人的環境を生かし、保育の環境を構成していく知識及び技術

④子どもの経験や興味や関心に応じて、様々な遊びを豊かに展開していくための知識及び技術

⑤子ども同士の関わりや子どもと保護者の関わりなどを見守り、その気持ちに寄り添いながら適宜必要な援助をしていく関係構築の知識及び技術

⑥保護者等への相談、助言に関する知識及び技術

そして、「保育所保育指針」においては、「保育所における保育士は、児童福祉法第18条の4の規定を踏まえ、保育所の役割及び機能が適切に発揮されるように、倫理観に裏付けられた専門的知識、技術及び判断をもって、子どもを保育するとともに、子どもの保護者に対する保育に関する指導を行う」、「子どもの最善の利益を考慮し、人権に配慮した保育を行うためには、職員一人一人の倫理観、人間性並びに保育所職員としての職務及び責任の理解と自覚が基盤となる」（下線は筆者）とあり、

専門職倫理の必要性が明示されています。

さて、専門職倫理とは、専門職としての正しい行動・望ましい行動の方針（行動規範）を意味し、専門職としての価値を具体化したものです[9]。そして、専門職としての価値とは、専門職が有することが求められたり、専門職同士で共有することが求められたりする信念（正しいと信じる考えや思い）のことをいいます。詳細は後述する「全国保育士会倫理綱領」で説明しますが、保育者の場合、これらは保育や子育て支援を行う際の行動の指針や実践を行う際の判断の基準となるものです[10]。

なお、法律、特に専門領域に関わる法律も専門職の行動規範であり、善悪の基準を示す点では専門職倫理と共通しています。しかし、法律は外的な強制力があり、違反すると罰せられますが、専門職倫理を守ることはあくまでも専門職一人ひとりの意思に基づくものです。

このように専門職には、専門的知識と専門的技術に加えて、専門職倫理が求められます。なぜなら、特に医療、福祉、教育、心理などに関わる専門職はその仕事が他者の生命、生活や人生に大きな影響を与えるためです。とりわけ、乳幼児は子どもの権利を有しつつも自分で権利を守ることが難しく、権利を侵害されやすい存在です。この点は、冒頭の不適切な保育の例を見れば明らかです。また、専門的知識や専門的技術は悪用できてしまいます。例えば、保育者であればその知識や技術を使って子どもの行動をコントロールすることができます。さらに、保育者の個人的な価値観で子どもをえこひいきし、子どもを傷つけることがあるかもしれません。

そのため、専門職が仕事を行う際には、個人的な価値観や倫理観ではなく、専門職倫理——専門職としての価値観や倫理観——に基づいて様々な判断をしたり、対応したりすることが求められます。

2．倫理綱領とは

これまで述べてきた専門職倫理は、一人ひとりの専門職がしっかり

と意識して行動できれば問題ありません。しかし、多くの専門職の団体は、専門職倫理を倫理基準として明文化した倫理綱領を作成しています。この倫理綱領には以下の役割があります [11) 12)]。

①保育の質を担保し、子どもや保護者を守る役割

　保育や子育て支援の具体的な内容は多様なものだとしても、子どもや保護者の人格や人権を尊重した実践を行うなどの倫理的責任は、すべての保育者が理解しておく必要があります。このような保育や子育て支援を展開できるように、倫理基準を明確に示して保育者集団内、保育団体内で共有することで、保育や子育て支援の質を保証することができます。このように、実践の質を保証することは、利用者である子どもや保護者を守ることにつながります。

②社会的信用の確保

　社会の人々に対して保育者の倫理基準を示すことは、保育者や保育団体が何を目指し、子どもや保護者に何をするのか、何を実現しようとするのかを明確に示すことを意味します。それによって、専門職である保育者の説明責任を果たし、社会的な認知を得るとともに、社会的な信用を高めることになります。

③不当な行為の規制

　専門職倫理を倫理綱領として明記することで、専門職である保育者の自覚を促し、不適切な保育などの不正行為を抑止します。

④倫理的な判断の指針

　仕事をするなかで、何が正しくて何が間違っているかの判断や、倫理的に正しいことを選択しなければいけない状況になった場合の指針となります。

保育者に関する倫理綱領としては「全国保育士会倫理綱領」が2003年11月に平成14年度第2回全国保育士会委員総会で採択されています。他に保育者に関わる倫理綱領としては「全国児童養護施設協議会倫理綱領」や「乳児院倫理綱領」、「病児保育専門士の倫理綱領」等があります。

「全国保育士会倫理綱領」は、前文と、8か条の行動原理である倫理基準から構成されています。この倫理綱領では、専門職としての価値が明確に示されていませんが、前文の記述から、その価値として「変化の可能性の尊重」、「専門的力量」と「子どもの尊重」が読み取れるでしょう（表1-2）。この3つの価値は、保育者が仕事をする際に専門職として大切にしなければならない信念でしょう。

全国保育士会倫理綱領

すべての子どもは、豊かな愛情のなかで心身ともに健やかに育てられ、自ら伸びていく無限の可能性を持っています。

私たちは、子どもが現在（いま）を幸せに生活し、未来（あす）を生きる力を育てる保育の仕事に誇りと責任をもって、自らの人間性と専門性の向上に努め、一人ひとりの子どもを心から尊重し、次のことを行います。

　　・私たちは、子どもの育ちを支えます。
　　・私たちは、保護者の子育てを支えます。
　　・私たちは、子どもと子育てにやさしい社会をつくります。

1. 子どもの最善の利益の尊重
　私たちは、一人ひとりの子どもの最善の利益を第一に考え、保育を通してその福祉を積極的に増進するよう努めます。
2. 子どもの発達保障
　私たちは、養護と教育が一体となった保育を通して、一人ひとりの子どもが心身ともに健康、安全で情緒の安定した生活ができる環境を用意し、生きる喜びと力を育むことを基本として、その健やかな育ちを支えます。
3. 保護者との協力
　私たちは、子どもと保護者のおかれた状況や意向を受けとめ、保護者とより

理論編

良い協力関係を築きながら、子どもの育ちや子育てを支えます。
4. プライバシーの保護
　私たちは、一人ひとりのプライバシーを保護するため、保育を通して知り得た個人の情報や秘密を守ります。
5. チームワークと自己評価
　私たちは、職場におけるチームワークや、関係する他の専門機関との連携を大切にします。
　また、自らの行う保育について、常に子どもの視点に立って自己評価を行い、保育の質の向上を図ります。
6. 利用者の代弁
　私たちは、日々の保育や子育て支援の活動を通して子どものニーズを受けとめ、子どもの立場に立ってそれを代弁します。
　また、子育てをしているすべての保護者のニーズを受けとめ、それを代弁していくことも重要な役割と考え、行動します。
7. 地域の子育て支援
　私たちは、地域の人々や関係機関とともに子育てを支援し、そのネットワークにより、地域で子どもを育てる環境づくりに努めます。
8. 専門職としての責務
　私たちは、研修や自己研鑽を通して、常に自らの人間性と専門性の向上に努め、専門職としての責務を果たします。

表 1-2　全国保育士会倫理綱領に見られる専門職としての価値

倫理綱領の前文の記述	価値	説明
子どもは…自ら伸びていく無限の可能性を持っています	変化の可能性の尊重	子どもは変化、成長、向上する可能性を持っている存在であり、主体的に生きうる子どもの力を信じること
自らの…専門性の向上に努め	専門的力量	保育者としての専門性を発揮して、その専門性を高めること
一人ひとりの子どもを心から尊重	子どもの尊重	すべての子どもを出自、性別、年齢、身体的・精神的状況、社会的地位、経済状況等の違いにかかわらず、かけがえのない存在として尊重すること

28

そして、8つの行動原理は、①子どもの最善の利益の尊重、②子どもの発達保障、③保護者との協力、④プライバシーの保護、⑤チームワークと自己評価、⑥利用者の代弁、⑦地域の子育て支援、⑧専門職としての責務です。この行動原理が、保育者の専門職倫理であり、仕事をするうえでの倫理的な基準であり、保育者の正しい行動・望ましい行動の方針です。

この倫理綱領と冒頭のB市で起こった事件を含めた「不適切な保育」を照らし合わせた場合、不適切な保育を行った保育者や園は、子どもの最善の利益の尊重、子どもの発達保障、プライバシーの保護、チームワークと自己評価、利用者の代弁、専門職としての責務の6つの行動原理に抵触していることになります。

保育者は、これらの倫理を理解するとともに内在化（自分のこととして内面に取り入れ、行動）することが求められます。

第3節　日本における保育者の専門職倫理をめぐる現状

日本の保育者の専門職倫理や倫理綱領に関する現状について、①倫理綱領の有効性の範囲、②保育者の専門職としての価値、③保育者や学生への倫理教育のあり方、④倫理的問題に対する取り組みから論じます[13)][14)][15)]。

1. 倫理綱領の有効性の範囲

倫理綱領の有効性の範囲というのは、倫理綱領の対象は誰か、あるいは倫理綱領がどの職種に適用されるか、ということです。つまり、職階、職種、職場（施設種類）のどこまでを倫理綱領の対象とするかを意味します。

第2章で紹介しますが、アメリカには「NAEYC倫理綱領」があり、その対象となるのは、0歳から8歳までの子どもが利用する複数種類の

理論編

保育関連施設で勤務する保育者です。さらに、現場の保育者に加えて園長等の施設管理者、保育者養成教員、保育者を指導する者、保育施設を監督・管轄する行政機関の職員等も対象とされます。このように、アメリカにおいては保育に関わる者すべてを対象とした倫理綱領が存在します。

　それに対して、日本の保育者を対象とした倫理綱領は、全国保育士会倫理綱領をはじめ、関連するものとして病児保育専門士の倫理綱領、全国児童養護施設協議会倫理綱領、乳児院倫理綱領など、複数の倫理綱領があります。また、保育者養成教員の倫理綱領として、全国保育士養成協議会が策定した保育士養成倫理綱領があります。これらの倫理綱領はそれぞれが独立したもので、これら相互の関連性やつながりについては不明確です。また、幼稚園教諭に関する倫理綱領は存在していません。

　今後は、保育の専門職である保育者全体を対象にした包括的な倫理綱領の作成、あるいは既存の倫理綱領間での整合性を持たせることが必要と考えられます。

2．保育者の専門職としての価値や具体的な行為基準の明確化

　これまでに述べたように、専門職倫理は専門職としての価値から導き出されます。第2節で述べた「全国保育士会倫理綱領」の前文からは、「変化の可能性の尊重」、「専門的力量」、「子どもの尊重」の価値が読み取れます（表1-2参照）が、これはあくまでも筆者の解釈であり、この倫理綱領のなかで価値が明記されているわけではありません。保育者の専門職としての価値が明確でないことはすでに指摘されていることです[16)][17)]。保育の判断の根拠としての価値を検討することは、保育を保育者の責任ある行為として理解し捉え直す営みといえる[18)]ことから、今後、保育者の専門職としての価値を明確にすることは重要であると思われます。

　また、全国保育士会倫理綱領等を見ると、行動原理（行動規範、倫理基

準ともいわれます）は示されていますが、より具体的な行為基準が示されていません。例えば、全国保育士会倫理綱領の1番目の行動原理「子どもの最善の利益の尊重」では、「私たちは、一人ひとりの子どもの最善の利益を第一に考え、保育を通してその福祉を積極的に増進するよう努めます」と記載されていますが、それを実現するにあたっての具体的な行為基準は明示されていません。

　一方、日本社会福祉士会の倫理綱領「社会福祉士の倫理綱領」では、倫理基準の「Ⅰ　クライエントに対する倫理責任」において「クライエントとの関係　社会福祉士は、クライエントとの専門的援助関係を最も大切にし、それを自己の利益のために利用しない」と記載されており、かつ、それに対応する5つの具体的な行動規範が示されています（表1-3）。また、第2章で紹介する「NAEYC倫理綱領」でも同様に、具体的な行動基準が示されています。

　わが国の全国保育士会倫理綱領等においても、どの程度の具体的なものを本文に明記するのか、ハンドブック等に記載するのかなどは議論しなければいけませんが、行動基準の具体化・明確化は今後の課題として挙げられます。

3．保育者や学生への倫理教育のあり方

　日本では、保育士養成課程に2011年に追加された必修科目「保育者論」の教授内容に「保育者の役割と倫理」が明示されています。そのため、専門職倫理については保育者論で学んでいますが、1、2回の授業で扱われているものと思われます。いくつかの大学などでは、専門職倫理に関する教育実践が報告されていますが、今後はこのような実践報告を含めて、養成校における倫理教育のあり方の議論が必要になるでしょう。

　また、現任の保育者の倫理教育について、アメリカでは専門職倫理をテーマにした研修やワークショップを行ったり、専門雑誌で専門職倫理

理論編

に関する事例紹介や倫理に関する問題解決に向けた議論を誌上で行ったりしています。日本においても、全国保育士会倫理綱領の解説書として『全国保育士会倫理綱領ガイドブック』[19] や「全国保育士会倫理綱領学習シート」[20] が作成されたりしています。今後はこれら解説書等の充実や専門職倫理に関する独立した研修などが求められるでしょう。

表1-3 社会福祉士の倫理綱領 (一部抜粋)

倫理基準	行動規範
1.（クライエントとの関係）社会福祉士は、クライエントとの専門的援助関係を最も大切にし、それを自己の利益のために利用しない。	1－1 社会福祉士はクライエントに対して、相互の関係は専門的援助関係に基づくものであることを説明しなければならない。 1－2 社会福祉士は、クライエントとの専門的援助関係を構築する際には、対等な協力関係を尊重しなければならない。 1－3 社会福祉士は、専門職としてクライエントと社会通念上、不適切と見なされる関係を持ってはならない。 1－4 社会福祉士は、自分の個人的・宗教的・政治的な動機や利益のために専門的援助関係を利用してはならない。 1－5 社会福祉士は、クライエントと利益相反関係になることが避けられないときは、クライエントにその事実を明らかにし、専門的援助関係を終了しなければならない。その場合は、クライエントを守る手段を講じ、新たな専門的援助関係の構築を支援しなければならない。

4．倫理的問題に対する取り組み

　倫理的問題については第2章で詳しく述べますが、倫理的問題は3つに分類されます。まず、法的責任の問題で法令に抵触する状況です。次に倫理的責任の問題で、冒頭のB市の不適切な保育のような、子どもの人権を侵害するといった倫理的責任に抵触するような状況です（B市の事件は、法的責任の問題でもあります）。最後に倫理的ジレンマで、これは複数の専門職倫理がぶつかり合い、保育者がどのような決定を下せばよいか葛藤し、保育方針や支援方針の決定が困難となることです。

　アメリカでは、NAEYC倫理綱領の解説書において、倫理的意思決定の解説や倫理的ジレンマの事例が示される等、これらの問題の存在が前提として調査研究が行われています。わが国では、アメリカと比較しても、また、医療や社会福祉の領域に比べても、保育領域では倫理的問題や倫理的意思決定に関する議論があまりされていません。

　今後は、倫理的問題に関する事例の収集や分析等を含めてこれらの議論を進めていくとともに、倫理的意思決定モデル、つまり、倫理的問題に対応する際の考え方や対応方法の開発が求められます。

おわりに

　本章では、保育者の専門職倫理と倫理綱領について述べてきました。保育者は個人的な倫理観や価値観ではなく、専門職倫理に基づいて実践を行う必要があります。それは、保育者が自分の実践を問われた際に、専門職倫理や倫理綱領等を根拠として他者が納得できるように説明することを意味します。このことは、不適切な保育の防止にとどまらず、保育の質の向上につながると考えます。

注・引用文献

1) 全国保育士会（2018）『保育所・認定こども園等における人権擁護のためのセルフチェックリスト──「子どもを尊重する保育」のために』

2) 全国保育士会HP（https://www.z-hoikushikai.com/、2022/12/25情報取得。なお、現在はこの内容は掲載されていない）。

3) 2022年12月6日の閣議後会見での加藤勝信厚生労働大臣（当時）の発言である。

4) 株式会社キャンサースキャン（2021）『令和2年度子ども・子育て支援推進調査研究事業「不適切保育に関する対応について」事業報告書（別添）不適切な保育の未然防止及び発生時の対応についての手引き』

5) こども家庭庁・文部科学省（2023）『「保育所等における虐待等の不適切な保育への対応等に関する実態調査」の調査結果について』

6) こども家庭庁（2023）『保育所等における虐待等の防止及び発生時の対応等に関するガイドライン』

7) 太田肇（1993）『プロフェッショナルと組織──組織と個人の「間接的統合」』同文舘出版

8) 厚生労働省『保育所保育指針解説』

9) 小山隆（2003）「福祉専門職に求められる倫理とその明文化」『月刊福祉』86（11）、pp.18-19.

10) なお、専門職としての価値は理念や原理と呼ばれ、専門職倫理は職業倫理や倫理的責任、行動原理などとも呼ばれます。

11) 髙良麻子（2021）「ソーシャルワークの倫理」一般社団法人日本ソーシャルワーク教育学校連盟編『ソーシャルワークの基盤と専門職［共通・社会専門］』中央法規出版、pp.171-203.

12) 鶴宏史（2019）「保育者の倫理」矢藤誠慈郎・天野珠路編『保育者論』中央法規出版、pp.13-24.

13) 亀﨑美沙子（2021）「子育て支援における保育士の葛藤と専門職倫理」『日本家政学会誌』72（7）、p.445.

14) 藤川いづみ（2008）「全米幼児教育協会の倫理規定に関する研究（3）保育者の倫理的ジレンマとは何か」『和泉短期大学研究紀要』28、pp.87-94.

15) 鶴宏史（2008）「アメリカにおける保育者の倫理綱領の策定過程に関する研究──我が国の保育領域の専門職倫理研究および実践の課題」『神戸親和女子大学研究論叢』41、pp.109-120.

16) 伊藤利恵（2007）「福祉専門職としての保育士における『価値』の位置づけ──専門性の要件の検討から」『高崎健康福祉大学総合福祉研究所紀要』4（2）、pp.17-29.

17) 亀﨑（2021）、前掲論文.

18) 戸田雅美（1999）「保育行為の判断の根拠としての『価値』の検討──園内研究会の議論の事例を手がかりに」『保育学研究』37（2）、pp.183-190.

19) 柏女霊峰監修・全国保育士会編（2018）『全国保育士会倫理綱領ガイドブック（改訂2版）』全国社会福祉協議会

20) 全国保育士会倫理綱領学習シート（https://www.z-hoikushikai.com/about/kouryou/sheet.html、2023/3/1情報取得）

参考文献

鶴宏史（2019）「専門職倫理」秋田喜代美監修・東京大学大学院教育学研究科附属発達保育実践
　　政策学センター編著『保育学用語辞典』中央法規出版

鶴宏史（2023）「保育者の専門職倫理をめぐる議論」『保育学研究』61（1）、pp.145-152.

第2章
NAEYC 倫理綱領に学ぶ

鶴 宏史

第 1 節　NAEYC による倫理的問題への取り組み

1. NAEYC 倫理綱領の概要

　海外の保育者の専門職倫理や倫理綱領については、2000 年以降、徐々にわが国に紹介されていますが[1][2]、保育者の専門職倫理の研究・実践に関して議論が活発なのはアメリカです。本章では、アメリカ最大規模の保育専門職団体である全米乳幼児教育協会（National Association for the Education of Young Children：以下、NAEYC）が策定した「倫理綱領および責任声明」（以下、NAEYC 倫理綱領）を紹介します。

　NAEYC 倫理綱領は 1989 年に策定され、他のいくつかの国における保育に関する倫理綱領に影響を与えています。NAEYC では 1970 年代から専門職倫理に関する調査研究やワークショップ、議論を行ってきました。倫理綱領を 1989 年に策定した後も倫理に関する研究や議論を深め、1992 年、1997 年、2005 年に改訂を行い、2011 年に更新（文言の追加と修正）を行っています。NAEYC 倫理綱領の概要は以下の通りです。

37

理論編

（1）NAEYC 倫理綱領の対象

　NAEYC 倫理綱領の対象となるのは、0 歳から 8 歳までの子どもを対象とした複数種類の保育関連施設で勤務する保育者です。さらに、現場の保育者に加えて園長等の施設管理者、保育者養成校の教員、指導主事等の保育者を指導する者、保育施設を監督・管轄する行政機関の職員等も対象となります。つまり、現場で働く保育者に加えて保育に関わる様々な人たちを保育者と捉えています。

　さらにこの NAEYC 倫理綱領とは別に、補足版としての倫理綱領があります。1 つは園長等の施設管理者のための倫理綱領で、もう 1 つは保育者養成教員のための倫理綱領です。これらの補足版はそれだけでの使用はできず、NAEYC 倫理綱領とともに使用することが求められています[3]。

（2）NAEYC 倫理綱領の構成と内容

　この倫理綱領は、前文、中核的価値、概念的枠組み、倫理的責任、責任声明から構成されています。ここでは、中核的価値と倫理的責任について解説します。

　中核的価値は、第 1 章で述べた専門職としての価値にあたるもので、保育者集団で共有される信念と社会への責任であると説明されています。具体的には以下の 7 つの価値が示されています。

①人間のライフサイクルのなかで、ユニークで価値ある時期として、子ども期を正しく認識する。
②子どもはどのように発達し学習するかに関する知識を、我々の職務の基礎とする。
③子どもと家族の絆を正しく認識し、支援する。
④子どもは、家族、文化、地域、社会の文脈のなかで、最もよく理解され、支援されることを認識する。

⑤一人ひとりの個人（子ども、家族成員、同僚）の尊厳、価値、独自性を尊重する。

⑥子ども、家族成員、同僚の多様性を尊重する。

⑦信頼と尊重を基盤とした関係のなかで、子どもも大人も、その可能性を最大に発揮することを認識する。

　上記から、NAEYC倫理綱領で示される専門職としての価値として、子どもを含めた関係者の尊厳の尊重、子どもの可能性や子ども理解の認識、親子関係の重要性の認識などが挙げられていることがわかります。

　明文化された専門職倫理にあたるのが、倫理的責任です。これは、子どもに対する倫理的責任、家族に対する倫理的責任、同僚に対する倫理的責任、地域と社会に対する倫理的責任の4つの領域に分けられており、保育者が誰に対して責任を引き受けているかを明確にしています。そして、それぞれに原理（Ideal）と原則（Principle）が示されています。原理とは模範的な専門職の行為を反映する目標で、原則は保育者として必要とされる行為、禁止される行為、あるいは許可される行為を説明したものです。例として、子どもに対する責任から原理と原則を1つずつ紹介します。

・子どもたちの脆弱さと、大人への依存性を認めること。（原理 I-1.4）

・何よりもまず、我々は子どもたちを傷つけてはならない。我々は、子どもたちに情緒的に害を与え、身体的に傷つけ、軽視するような、自尊心を傷つけるような、危険で、搾取するような、脅すような実践に参加してはならない。この原則は、倫理綱領の他の原則よりも優先される。（原則 P-1.1）

　つまり、原理 I-1.4 において、保育者は子どもが権利を侵害されやすい存在であることを認識する必要があることを示し、原則 P-1.1 におい

理論編

て保育者が禁止される行為を明示しています。なおこれを含め、原理は
35項目、原則は48項目が示されています。

（3）NAEYC 倫理綱領のガイドブック

　第1章で全国保育士会倫理綱領を紹介しましたが、この倫理綱領に
は『全国保育士会倫理綱領ガイドブック』[4] という解説書があり、そこ
で専門職倫理について具体的に学ぶことができます。

　同様にNAEYC倫理綱領にも『倫理と保育者』[5] という解説書（以下、
『NAEYC倫理綱領ガイドブック』）があり、専門職倫理の詳細を知ることが
できます。この解説書は8章から構成されていて、第1章は保育者に
とっての専門職としての価値や専門職倫理および倫理綱領の重要性、第
2章はNAEYC倫理綱領の歴史、第3章では保育者の倫理行動と倫理
的意思決定の基本的考え方や手順、倫理綱領の活用の仕方などについて
述べられています。続く第4章から第7章にかけては、NAEYC倫理
綱領の4つの領域（子ども、家族、同僚、地域と社会）に対応させて、保育
者の倫理的責任について論じるとともに、保育者が直面すると考えられ
る倫理的問題（特に倫理的ジレンマ）に関する精選された事例と質問が提
示されています。最後の第8章では、倫理綱領の重要性の再確認、倫
理綱領がどのような効力を有するのかなどについて言及されています。

2．倫理的問題とその対応

　NAEYCは、保育者が保育を行うなかで様々な専門職倫理に関わる問
題に直面することを指摘しています。倫理に関わる問題は、倫理的問題
と呼ばれ、「善悪の判断を含む職場の状況、権利や責任に影響する職場
の状況、個人の福祉に影響する職場の状況」[6] を指すものです。

　倫理的問題は大きく3つに分けられます。1つは法的責任の問題で、
法律に抵触する、あるいはそのおそれのある状況です。2つ目は倫理的
責任の問題で、倫理綱領に示される専門職倫理に抵触するような状況

です。第 1 章で触れた不適切な保育は、子どもの人権を侵害したり傷つけたりすることから、法的責任の問題と倫理的責任の問題に該当します。3 つ目は倫理的ジレンマで、「複数の専門職としての価値や責任が相反する場合に、適切な行動の決定を伴う道徳的葛藤」[7] です。つまり、保育者が子どもの最善の利益を考えて保育方針や支援方針を検討する際に、いくつかの専門職倫理がぶつかり合い、どのような決定を下せばよいか葛藤することを意味します。

　このような専門職倫理に関する問題の解決のためには、一定の手順が求められます。『NAEYC 倫理綱領ガイドブック』では、この一定の手順である倫理的意思決定のフローチャートが示されています（図 2-1）。以下、その手順を解説します[8]。

（1）第 1 部：問題の性質を決定する

1）倫理的問題かの確認

　保育者が職場で問題に直面した際に、保育者が踏むべき最初の段階は、その問題が倫理的問題かどうかを問うことです。倫理的問題であれば、次の段階に進みます。倫理的問題でなければ、適切な解決法を見つけるようにします。

2）法的責任かどうかの確認

　次の段階は、その倫理的問題に法的責任が含まれているかを確認します。法的責任が含まれているのであれば、法律を守らなければいけません。そうでなければ次の段階に進みます。

3）倫理的責任か倫理的ジレンマかの確認

　次の段階は、その倫理的問題が倫理的責任に関わるものか、倫理的ジレンマかを確認します。倫理的責任に関わるものであれば、倫理綱領に

明記されている専門職倫理を守るようにします。倫理的ジレンマであれば第2部に進みます。

職場の問題の分析と対処
第1部：問題の性質を決定する

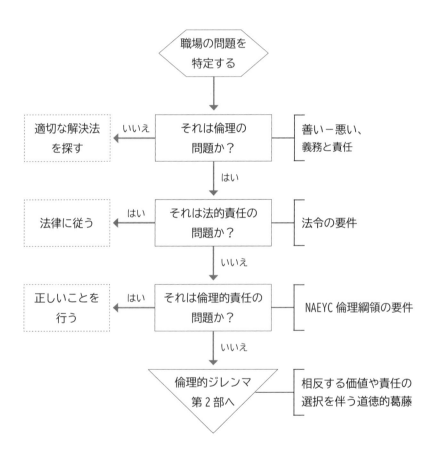

図2-1 問題の性質を見極めるためのフローチャート

（2）第2部：ジレンマの分析

1）葛藤する倫理的責任の明確化

　倫理的ジレンマに対応するための最初の段階は、葛藤する複数の専門職としての価値や専門職倫理の確認です。この際、関係者全員のニーズや保育者の倫理的な責任を考えなければいけません。道徳的に正当と認められる決定のために、保育者は保育者自身の義務のそれぞれを比較考察し、バランスをとらなければいけません。

2）可能性のある解決方法のブレーンストーミング

　次の段階は、倫理的ジレンマの解決方法をブレーンストーミングします。保育者は、その状況に対して思いつく限りのすべての解決方法とそれらに対する関係者の反応をリストアップします。次にそれぞれについての実行可能性と公正さを考えます。

3）倫理的手さばき（ethical finesse）の検討

　次の段階は、倫理的手さばきの使用の検討です。倫理的手さばきとは、倫理的ジレンマに対する創造的な対応で、関係者全員のニーズを満たし、保育者が難しい決定をしなくて済むようにすることです。

　いわば妥協案の提示といえますが、多くの問題の軽減を助けうる効果的な方法ですし、保育者が多くの状況で試みる方法といえます。この方法で解決できない場合は次の段階に移ります。

4）NAEYC倫理綱領から指針を探す

　倫理的手さばきで倫理的ジレンマを解決できない場合、倫理的に正当と認められる解決法を見出し、実行する必要があります。まず、倫理綱領の中核的価値や倫理的責任をよく調べ、その状況に関係する項目すべてをリストアップします。そして、必要な情報を収集し、職場の方針や

関連する法律の再検討をします。最後に保育者は、リストアップした中核的価値や倫理的責任の優先順位を考え、正当と思われるいくつかの解決方法を出して、それらを実行し、その結果をよく考えます。

第2部：ジレンマの分析

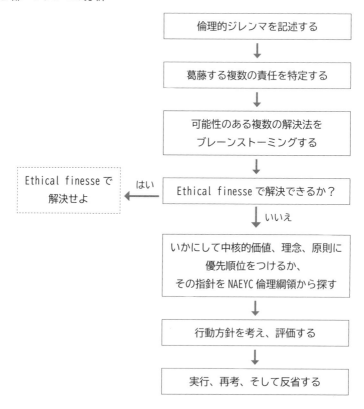

図2-2 倫理的問題と倫理的ジレンマの解決のための
意思決定過程（フローチャート）

出典：Feeney, S. & Freeman, N. K., *Ethics and the Early Childhood Educator: Using the NAEYC Code (Third Edition)*, NAEYC, 2018, p.21, p.27.

5）行動方針を決定する

　解決方法の検討とその結果を予測しつつ、同僚と相談したり、倫理理論を活用したりして、最終的な行動方針を決定します。

6）決定した行動方針を実行し、反省する

　決定した行動方針を実行します。実行に際しては決定事項を関係者と共有するとともに、関係者と誠実にやりとりし、気を配り、礼儀正しく話を聴く雰囲気をつくることが重要です。そして、行動方針が実行された後、その成果を評価し、そこから学ぶ必要があります。

第2節　NAEYC倫理綱領の実践への活用法

I．事例の概要

　『NAEYC倫理綱領ガイドブック』では、複数の倫理的ジレンマの事例を掲載しながら、前節で紹介した対応プロセスを示しています。そのうちの一事例を取り上げ、対応プロセスを紹介します[9]。なお、事例中の名前は日本名に変更しています。

事例

　山下花子さんは「息子の一郎（4歳）を昼寝させないでほしい」と担任保育士の佐藤先生に依頼しました。山下さんは「息子（一郎）が昼寝をした日はいつも23時まで起きています。私は5時前に起床して職場に向かうので、十分に眠れていません」と理由を述べました。一郎くんは他の子どもたちと一緒に、ほとんど毎日1時間程度の昼寝をしています。佐藤先生は、一郎くんの午後の情緒の安定や体力のためにも昼寝は必要だと考えています。

理論編

2．事例に基づく倫理的ジレンマの対応プロセス

（1）問題の性質を決定する

　この事例は、倫理的な内容を含んだ倫理的問題です。なぜなら、山下さんの意思を尊重することと、一郎くんが午後に楽しく活動するために必要な睡眠時間を確保することの両方が正しいと主張できるためです。つまり、山下さんという保護者の選択を尊重することや一郎くんの健康を守ることが専門職倫理に関わるためです。そして、この事例は、一郎くんに対する倫理的責任と、山下さんに対する倫理的責任がぶつかり合っている状況のため、倫理的ジレンマといえます。また、この事例は、法律に関わることはないので法的責任に該当する問題ではありません。

（2）倫理的ジレンマの解消のためのプロセス

1）葛藤する倫理的責任の明確化

　前述の通り、一郎くんに対する倫理的責任とは、佐藤先生が一郎くんの発達を保障したり、一郎くんの健康を守ったりすることです。そして、山下さんに対する倫理的責任は、佐藤先生が山下さんとのよりよいパートナーシップを形成したり、山下さんの選択を尊重したりすることです。佐藤先生は、一郎くんと山下さんに対する相反する倫理的責任を天秤にかけてバランスをとる必要があります。

　さらに、他の子どもへの倫理的責任が挙げられます。というのは、佐藤先生の対応によっては、他の子どもに影響を与えることがありうるためです。というのは、一郎くんに昼寝をさせない場合、彼が活動していたら他の子どもを起こしてしまうかもしれないためです。また、他の職員の休憩時間や日課の時間を奪うかもしれないので、同僚に対する倫理的責任が生じるかもしれません。

2）可能性のある解決方法のブレーンストーミング

　この問題への対応方法は、大きく2つに分かれます。1つ目の対応は、一郎くんに昼寝をさせることです。そのため、佐藤先生は山下さんに、山下さんの状況は理解できるが一郎くんのためには昼寝が必要だと伝える必要があります。また、他の子どもへの影響を考えると、一郎くんのみ昼寝を例外的にやめることが難しいかもしれません。

　2つ目の対応は、山下さんの要望に応じて、一郎くんに昼寝をさせないことです。そのために昼食後に一郎くんを、昼寝をしない5歳児クラスに移動させて、そこで活動できるようにする必要があります。

　それぞれにメリットとデメリットがあります。前者の対応では一郎くんのニーズを満たせますが山下さんの要望を尊重していません。後者の対応ではその逆となります。

3）倫理的手さばき（ethical finesse）の検討

　ここでは、ブレーンストーミングでの対応のような難しい決断をするのではなく、一郎くんと山下さんのどちらのニーズも満たす方法を考えます。対応方法の1つとして、佐藤先生は山下さんに4歳児にとっての昼寝の大切さを説明するとともに、就寝前に絵本を読んだり静かに過ごしたりするなど、夜の就寝前の活動や時間について提案することが挙げられます。

　別の対応としては、一郎くんの状態を見ながら園の昼寝の時間を調整することや、一郎くんを少し休ませてから昼寝をしない5歳児クラスに移動させて静かに過ごすなど、園での生活を見直すことが挙げられます。

4）NAEYC倫理綱領から指針を探す

　倫理的手さばきで対応できない場合、一郎くんに引き続き昼寝をさせるか、山下さんの要望を受け入れて一郎くんに昼寝をさせないか、どち

理論編

らかの対応を選択する必要があります。その際、NAEYC 倫理綱領を改めて確認する必要があります。まずは、この事例に該当する中核的価値を確認します。

- 子どもはどのように発達し学習するかに関する知識を、我々の職務の基礎とする。
- 子どもと家族の絆を正しく認識し、支援する。
- 子どもは、家族、文化、地域、社会の文脈のなかで、最もよく理解され、支援されることを認識する。
- 一人ひとりの個人（子ども、家族成員、同僚）の尊厳、価値、独自性を尊重する。
- 信頼と尊重を基盤とした関係のなかで、子どもも大人も、その可能性を最大に発揮することを認識する。

次に、この問題に関連する、子どもに対する倫理的責任と家族に対する倫理的責任の原理（I）を確認します。

I-1.4　子どもたちの脆弱さと、大人への依存性を認めること。
I-1.5　子どもたちの社会的、情緒的、認知的、身体的な発達を促し、子どもたちの尊厳と貢献を尊重する、安全で健康的な環境をつくり、維持すること。
I-2.4　家族の話に耳を傾け、家族の強さや能力を認め、またそれらを強化し、家族から学びながら子育てを支援していくこと。
I-2.6　家族の子育てに関する価値観と、彼らの子どもに対する決定権を認めること。
I-2.8　職員が家族とのコミュニケーションを通じて一人ひとりの子どもの理解を深めるのと同様に、家族成員が自分の子どもたちについて理解を深められるように手助けし、彼らが親としてのスキルを継続して向上させるように支援すること。

48

さらに、関連する倫理的責任の原則（P）を確認します。特にP-1.1には注目しなければいけません。

P-1.1　何よりもまず、我々は子どもたちを傷つけてはならない。我々は、子どもたちに情緒的に害を与え、身体的に傷つけ、軽視するような、自尊心を傷つけるような、危険で、搾取するような、脅すような実践に参加してはならない。この原則は、倫理綱領の他の原則よりも優先される。
P-2.2　我々は、園の理念、方針、カリキュラム、評価システム、文化的習慣、および全職員の資格保有に関する情報を家族に提供し、なぜ我々がそのように指導するのか、つまりその指導が子どもたちに対する我々の倫理的責任と一致することを説明する。
P-2.4　我々は、家族が、自分たちの子どもに影響する重要な決定に参加できるように保証する。

5）行動方針を決定する

　倫理綱領を手がかりとして、行動方針を決定します。選択肢は2つです。1つは、佐藤先生は一郎くんに昼寝をさせないという決定です。その根拠は、睡眠不足で仕事をすることの大変さを理解し、保護者である山下さんの意向を尊重するためです。もう1つの選択は、佐藤先生が山下さんの要求を尊重しつつもそれを断り、そして一郎くんの昼寝を継続することです。その根拠は、一郎くんには、充実した一日のために休息が必要であるためです。すなわち、子どもの利益や子どもの発達保障を最優先する選択肢です。

6）決定した行動方針を実行し、反省する

　いずれかの行動方針を選択し、実施しますが、実施に際しては決定事項を園内で共有し、山下さんに対して誠実にやりとりし、話しやすい雰囲気をつくることが重要です。そして、行動方針が実行された後、どのような結果になったかを評価します。

理論編

おわりに

　事例で見たように、保育者は日々の業務のなかで複雑で難しい判断を迫られます。保育専門職として様々な状況下で判断し職務を遂行するためには、自らの専門職倫理に対する理解を深め、内在化する必要が求められます。さらに、本章で示した倫理的意思決定のプロセス等を参考にしながら、一定の手順に沿って意思決定することが必要です。

注・引用文献

1) 大宮勇雄（2003）「保育に関わる人々の正当な要求と権利としての『保育の質』（その1)」『保育情報』324、pp.2-8.

2) 大宮勇雄（2004）「保育に関わる人々の正当な要求と権利としての『保育の質』（その2)」『保育情報』326、pp.2-8.

3) Feeney, S. & Freeman, N. K. (2018) *Ethics and the Early Childhood Educator: Using the NAEYC Code (Third Edition)*. NAEYC. 14.

4) 柏女霊峰監修・全国保育士会編（2018）「全国保育士会倫理綱領ガイドブック（改訂2版)」全国社会福祉協議会

5) 前掲3)

6) 同上　p.123.

7) 同上

8) 同上　pp.20-29.

9) 同上　pp.52-58.

第 3 章
わが国における保育者の倫理的問題

鶴 宏史

第 1 節　本研究プロジェクトの概要

1. 研究の目的

　第 1 章で述べてきたように、保育者は専門職であり、子どもや家族の権利を守るためには、専門職倫理に基づいて実践を行う必要があります。しかし、日本では保育者の専門職倫理に関する議論が低調です。そのため、倫理的ジレンマを含めた倫理的問題の解決に求められる倫理的意思決定についても議論がされておらず、そのモデルも構築されていません。保育者の専門職倫理に関する研究や実践に関する議論が活発なアメリカ（第 2 章で紹介した NAEYC が中心）では、倫理的意思決定のモデル化に向けて、まず、倫理的ジレンマの収集と分析を行っています。

　そこで、本研究では、日本における倫理的意思決定モデルの構築に向けて、アメリカの先進事例を手がかりに、国内外の倫理的ジレンマの収集と分析を行い、保育者が直面する倫理的問題の解決方法を提示することを目指しました。

理論編

2．研究の方法

　前述した目的を達成するために、我々は、次のような調査を行いました。

（1）文献研究

　後述するインタビュー調査に先立ち、NAEYC の発行する専門誌 *Young Children* や『NAEYC 倫理綱領ガイドブック』[1] に掲載されている 22 件の倫理的ジレンマ事例を分析し、それらを倫理的ジレンマの性質に基づき分類しました[2]。

　具体的には、NAEYC 倫理綱領に示される保育者の 4 つの倫理的責任、すなわち、「Ⅰ：子どもに対する倫理的責任」、「Ⅱ：家族に対する倫理的責任」、「Ⅲ：同僚（雇用主を含む）に対する倫理的責任」、「Ⅳ：地域と社会に対する倫理的責任」のうち、何と何の間でジレンマに陥っているのかといった、関係する倫理的責任を特定し、その組み合わせによって倫理的ジレンマを類別しました。倫理的責任の特定にあたっては、『NAEYC 倫理綱領ガイドブック』等の解説を参考にしました。

　分析の結果、倫理的ジレンマは、①Ⅰ - Ⅱ - Ⅲ - Ⅳ型（1 事例）、②Ⅰ - Ⅱ - Ⅲ型（3 事例）、③Ⅰ - Ⅱ型（10 事例）、④Ⅰ - Ⅲ型（2 事例）、⑤Ⅰ - Ⅲ - Ⅳ型（2 事例）、⑥Ⅰ - Ⅳ型（1 事例）、⑦Ⅱ - Ⅲ型（1 事例）、⑧Ⅰ - Ⅱ - Ⅳ型（2 事例）、以上の 8 つに類別されました。アメリカの保育者が直面する倫理的ジレンマは、その大半が子どもの家族が関係するものであること、また、同僚や地域社会との関係においても生じることが把握されました。

（2）インタビュー調査

1）予備的アンケート調査

　本調査となるインタビュー調査に先立ち、予備的な調査としてアン

ケート調査を実施しました。この予備的アンケート調査の目的は、日本
での倫理的ジレンマの事例を集めることです [3)]。しかし、調査において
いきなり「倫理的ジレンマ」の事例について尋ねたとしても、日本の保
育者は「倫理的ジレンマ」という言葉になじみがなく、それに相当する
事例がイメージされない可能性が考えられました。そこで、『NAEYC
倫理綱領ガイドブック』に掲載されている倫理的ジレンマ等を参考にし
て、まず、日本版倫理的ジレンマ事例のサンプルを作成しました。その
うえで、予備的アンケートにおいて、それに類似する事例を尋ねること
としました。これらのサンプル事例は、前述の文献研究で類別した倫理
的ジレンマのうち、わが国の保育者も遭遇することが想定される5つ
の類型を選び、これらに該当する6事例を作成しました（表3-1参照）。

　アンケート調査の対象は、大阪府・東京都内の各5園、計10園で、
各園1名の保育者に調査協力を依頼しました。実施方法はwebアン
ケート調査とし、2022年11月～12月に実施しました。

　調査内容は回答者の属性、サンプル事例の類似事例、その他の倫理的
ジレンマ事例です。類似事例に関する調査項目においては、サンプル事
例を提示し、類似事例の経験がある場合に、その内容を記入するよう求
めました。

　調査の結果、9名の保育者から30事例が収集され、分析が困難であ
ると判断された2事例を除く28事例を分析対象としました。

　分析の結果、28事例中16事例で同僚との関係に言及されており、回
答者が直面している倫理的ジレンマの半数以上が、同僚との間で生じて
いることが読み取れました。アメリカでは保育者が直面する倫理的ジレ
ンマの多くが子どもの家族と関係するものであるのに対して、それとは
異なる傾向があることが明らかになりました。

2）インタビュー調査

　これらの予備的アンケート調査の結果をもとに、より詳細に日本の保

育者が捉える倫理的ジレンマの特徴を把握するために、アンケート調査の回答者に対して個別のインタビュー調査を実施しました[4]。

インタビュー調査は、アンケート調査の回答者のうち、インタビュー調査協力に同意が得られた8名を対象とし、2023年2月～3月に半構造化インタビューを実施しました。インタビュー調査にあたって、5つの類型の倫理的ジレンマをすべて網羅できるよう、事前アンケート調査で収集した事例のうち、1名につき2事例を割り当て、全16事例についてインタビュー調査を行いました。主な調査内容は、①事例への対応とその理由、②葛藤の内容、③事例の展開、④よりよい対応策等です。

調査事例のうち、十分な情報が得られた13事例を分析しました。具体的には、インタビューデータからケースレポートを作成し、これをもとに、『NAEYC倫理綱領ガイドブック』に示される倫理的問題、つまり、①法的責任の問題、②倫理的責任の問題、③倫理的ジレンマのいずれに該当するのかを検討しました。

分析の結果、「法的責任の問題」が1件、「倫理的責任の問題」が3件、「倫理的ジレンマ」が0件、いずれにも該当しない「困り感」が8件、「葛藤なし」が1件となりました。つまり、インタビュー調査から得られた事例は、いずれも倫理的ジレンマには該当しませんでした。その理由として、わが国では保育者の専門職倫理が十分に浸透しておらず、保育者自身が倫理的ジレンマを認識するのが難しいことがあると思われます。この点は、わが国の保育者の専門職倫理に関する大きな課題といえるでしょう。

第2節　事例の分析枠組み

第1節において、我々が取り組んできた保育者の専門職倫理に関する調査研究の概要を述べてきました。本書の〈実践編〉にあたる第4章から第7章では専門職倫理に関する事例を紹介し、解説をします。

第4章から掲載される事例は、我々の行ったインタビュー調査のデータをもとに作成した架空事例です（調査概要は前節で述べた通りです）。架空事例は、『NAEYC倫理綱領ガイドブック』に示される倫理的問題である法的責任の問題（第4章）、倫理的責任の問題（第5章）、倫理的ジレンマ（第6章）、そして新たに見出された保育者の困り感（第7章）に分類されます。

　『NAEYC倫理綱領ガイドブック』に示される倫理的問題については、すでに第2章第1節（2）で説明していますが、ここで改めて整理をしておきます。法的責任の問題とは、法律に抵触する、あるいはそのおそれのある状況です。倫理的責任の問題とは、倫理綱領に示される専門職倫理に抵触する状況です。そして、倫理的ジレンマとは、保育者が子どもの最善の利益を考えて保育方針や支援方針を検討する際に、いくつかの専門職倫理がぶつかり合い、保育者がどのような決定を下せばよいか葛藤する状況です。

　インタビュー調査の結果から、これらに加えて保育者の「困り感」が明らかになりました。これは、直接的に専門職倫理には関わらないような保育を行ううえでの保育者の主観的な悩みや困難感です。

　これらの分析枠組みで次章から保育者の専門職倫理について、事例をもとに読み解いていきます。

理論編

表 3-1 予備的アンケートのために作成した日本版倫理的ジレンマの概要

類型	事例タイトル	事例概要
Ⅰ-Ⅱ型	午睡をやめさせて	ハヤト（4歳）の母親は、担任の私に、ハヤトに午後の昼寝をさせないでほしいと要求してきました。「昼寝をした時はいつも22時まで起きている。私はその後も家のことをしなければならないし、朝も早い。いつも睡眠不足の状態だ」と訴えてきました。ハヤトは、園で他の子どもたちと一緒に1時間の昼寝をしています。私は、情緒の安定や活動への意欲的な参加のために、ハヤトにはまだ昼寝が必要だと感じています。
Ⅰ-Ⅱ型	汚れる遊びをさせないで	私は3歳児クラスの担任です。先日、子どもの母親が、自分の子ども（ナナミ）に汚れる遊びをさせないで欲しいと頼んできました。「ペンキやどろなどで汚れた服の洗濯は大変なのよ。お風呂で体をきれいにするのも大変。家が絵の具や泥で汚れてしまうこともあるのよ。こっちだって忙しいから、いつも洗濯や掃除なんかできないでしょう」。
Ⅰ-Ⅱ-Ⅳ型	攻撃的な子ども	ショウタ（4歳）は、年齢の割に身体が大きく、とても攻撃的な傾向にあります。他の子どもたちを怖がらせてしまうことが多く、時々ケガを負わせることもあります。ショウタの両親には、その都度園での出来事を伝えています。彼らは、私の話を申し訳なさそうに聞いてくれますが、ショウタの攻撃的な行動は年齢によるものだと考えており、子どもの発達や障害に関する相談窓口に行こうとは考えていないようです。

56

類型	事例タイトル	事例概要
Ⅰ-Ⅱ-Ⅲ型	同僚との保育観の違い	私は、A先生と4歳児クラスの担任をしています。A先生の保育について疑問に思うことが多々あります。A先生は、いつも同じ教材や遊びばかりで保育に創意工夫がありません。また、子どもたちの話を聞かず、時にはカッとなって子どもたちを怒鳴ったり、子どもの腕を強く引っ張ったりします。子どもを叱っては、罰として子どもをその場に置き去りにすることもあります。
Ⅰ-Ⅲ型	公私の線引き	私はB先生と一緒に、20名（そのうち2名は障害がある）の4歳児クラスを担当しています。私たちの保育室は、他の保育室から少し離れたところにあり、事務室からも目が届きにくい構造になっています。最近、B先生は保育室の裏手に隠れるようにして、携帯電話で電話やメールをするようになりました。先日は30分ほど保育室に戻ってきませんでした。
Ⅰ-Ⅲ-Ⅳ型	同僚との関係の難しさ	新学期が始まってから、私（副担任）は主担任のC先生とうまくやれていないと思うようになりました。C先生は、私の意見を聞くことなく、勝手に物事を決めてしまうのです。私は、どんな小さなことでも自分にも相談してほしいとC先生に直接伝えてみました。でもC先生は「まだ難しいと思う」と取り合ってくれませんでした。

（備考）上記6つの事例は、予備的アンケートにおいて活用されたものである。倫理的ジレンマになじみのない日本の保育者に上記の6事例を提示し、それに類似する自身の事例をイメージしてもらうことで、日本における倫理的ジレンマの事例を収集することを目的とした。作成にあたっては、NAEYCの専門誌 *Young Children* および『NAEYC倫理綱領ガイドブック』に掲載されている倫理的ジレンマ等を参考にしている。

理論編

注・引用文献

1) Feeney, S. & Freeman, N. K. (2018) *Ethics and the Early Childhood Educator: Using the NAEYC Code (Third Edition)*. NAEYC

2) 亀﨑美沙子・鶴宏史（2022）「アメリカにおける保育者の倫理的ジレンマの分析――NAEYC の Young Children 掲載事例を手がかりに」『日本保育学会第 75 回大会発表論文集』pp.123-124.

3) 亀﨑美沙子・鶴宏史（2023）「わが国における保育者の倫理的ジレンマとその特徴――アメリカにおける保育者の倫理的ジレンマとの比較から」『日本保育学会第 76 回大会発表論文集』pp.367-367.

4) 亀﨑美沙子・鶴宏史・中谷奈津子（2024）「保育者がとらえる倫理的ジレンマとその特徴――保育者へのインタビュー調査から」『日本保育学会第 77 回大会発表論文集』pp.117-118.

参考文献

亀﨑美沙子（2021）「保育士が抱える子育て支援の葛藤の特徴とその課題――アンケート調査を通した葛藤事例の分析から」『子ども家庭福祉学』21、pp.23-36.

亀﨑美沙子（2023）『子育て支援における保育者の葛藤と専門職倫理――「子どもの最善の利益」を保障するしくみの構築にむけて』明石書店

実践編

　〈実践編〉では、具体的な事例を取り上げながら、保育者が遭遇する倫理的問題について考えます。保育者が遭遇する倫理的問題として、「法的責任の問題」「倫理的責任の問題」「倫理的ジレンマ」などがあります。そこで、第4章～第6章では、これらに対応する事例を1事例ずつ取り上げます。

　また、私たちの研究プロジェクトで実施した調査では、倫理的問題とは異なるものの、保育者が保育において様々な困難を感じている事例が多数見られました。そこで、第7章では、倫理的問題とは異なる保育者の主観的な悩みや困難感として、「困り感」に関する事例を取り上げます。

　これらの各事例について、専門職倫理を活用した解決の手立てを探り、具体的に考えてみたいと思います。事例検討の観点として、法令、倫理綱領、保育所保育指針や幼保連携型認定こども園教育・保育要領を活用します。さらに、わが国は子どもの権利条約を批准し、これを具体的な施策として展開するために、こども基本法も制定しています。そこで、事例の検討の際には、子どもの権利条約も活用し、解決策について考えてみたいと思います。

第4章
保育における倫理的問題 ①法的責任の問題

亀﨑 美沙子

第1節 虐待の疑いのある子どもへの対応

まず、〈事例1〉を読み、クラス担任であるC先生が直面している問題について考えてみましょう。

〈事例1〉子ども虐待の疑い

A保育園の4歳児クラスに在籍するBさんは、3歳で入園しました。Bさんは毎日同じ服を着て登園してきます。また、体は全身が汚れ、髪の毛は絡まっていて、入浴や洗髪をしていない様子です。朝食を食べずに登園することが多く、給食をガツガツと食べ、何度もおかわりを要求します。時々、腕や足に複数のアザができており、Bさんに「ここ、どうしたの？」と尋ねても、「わからない」「転んだ」などの返答はあるものの、詳しい経緯については話したがりません。

朝夕の送迎を担当するBさんの母親に、怪我の状況を尋ねても、「気づかなかった」「自分で転んだのでは？」と返答されます。母親に、Bさんの園での様子を伝えてもほとんど反応がなく、また、家庭でのBさんの様子を尋ねても、いつも「普通です」とだけ返事が返ってきま

61

実践編

す。担任のC先生が、Bさんを自宅で入浴させるよう依頼をしてみても、「わかりました」と返事があるものの、相変わらず全身が汚れたまま、入浴せずに登園する日々が続いています。

　周囲の子どもたちは、Bさんがいつも同じ服装でいることや、体から臭いがすることを感じており、直接的にそのことを指摘することはありませんが、Bさんとのかかわりを避けているように感じられます。一方のBさんは表情が乏しく、自分の感情を表現することがありません。入園以来、遊びの時間も1人で過ごすことが多く、保育者や他児とのかかわりを求める様子はありません。

　C先生は、Bさんのことが気になっており、主任や園長に相談してみましたが、「かわいそうだけど、そういう家庭だから仕方ない」「私たちが、とやかく口出しをすることではない」と言われてしまいました。園として何もすべきではないとの判断であったことから、C先生はBさんの状況を改善したいと思いながらも、何もできずにいます。

第2節　問題の性質を特定する

　〈事例1〉では、Bさんが十分に食事を与えられていないこと、不衛生な状態が続いていることから、ネグレクトが疑われます。さらに、体に複数のアザがあり、身体的虐待の可能性も感じられます。担任のC先生は、こうしたBさんの状況について懸念を持ちながらも、主任や園長からは何もすべきではないと言われてしまい、何もできずにいます。

　この事例において、C先生が直面しているのは、「法的責任の問題」「倫理的責任の問題」「倫理的ジレンマ」のいずれに該当すると考えられるでしょうか？　この問題の性質を特定するために、『NAEYC倫理綱領ガイドブック』[1]に示されるフローチャート（図4-1）を使って、考えてみましょう。

　まず、フローチャートの最初の問いは、「それは倫理の問題か？」、つまり、善悪や義務と責任に関する問題であるか否か、ということです。C先生が直面しているのは、子どもに対する義務や責任に関わることであり、「はい」に該当します。次に、「それは法的責任の問題か？」という項目では、法令の要件に関わるか否かが問われています。この事例は子ども虐待が疑われる状況にあり、法律上、園や保育者には、子ども虐待に適切に対応することが求められています。したがって、この問題は「法的責任の問題」に該当します。フローチャートでは、この場合の解決策は「法律に従う」と示されています。つまり、〈事例1〉でC先生が直面している問題は「法的責任の問題」であり、ここでなすべきことは、「法令に従うこと」であると考えられます。

　このように、フローチャートを活用することで、保育者が直面している問題の性質を特定することが可能です。

実践編

職場の問題の分析と対処
第1部：問題の性質を見極める

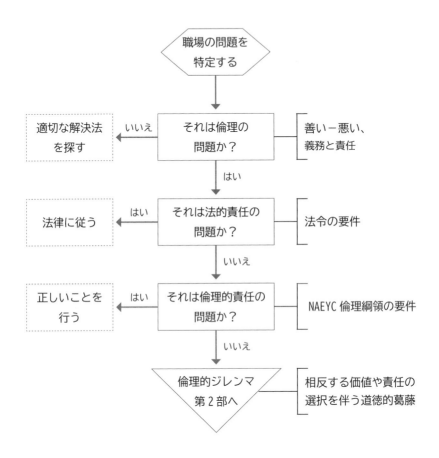

図4-1 問題の性質を見極めるためのフローチャート

出典：Feeney, S. & Freeman, N. K. (2018) *Ethics and the Early Childhood Educator: Using the NAEYC Code (Third Edition)*, NAEYC, p.21 を翻訳

第3節　保育者の倫理的責任を理解する

1. 法令から考える

　〈事例1〉は「法的責任の問題」であり、保育者には法令に従うことが求められます。それでは、この事例には、どのような法令が関わっているでしょうか？

　子どもに虐待が疑われる場合に保育者や園が従うべき法令として、児童福祉法や児童虐待の防止等に関する法律（以下、児童虐待防止法）等が挙げられます（表4-1）。これらの法律では、「虐待を受けたと思われる児童」に関する通告義務や、児童虐待の早期発見の努力義務、要支援児童に関する市町村への情報提供の努力義務等が規定されています。

　これらの法律に従えば、〈事例1〉では、まず、Bさんの状況について専門機関への通告が必要です。保育所保育指針や幼保連携型認定こども園教育・保育要領においても、これらの法令に基づいて、「不適切な養育の兆候が見られる場合」には関係機関との連携により適切な対応を図ることや、「虐待が疑われる場合」には、速やかに市町村または児童相談所に通告を行うことが求められています（表4-2）。

表4-1　子ども虐待防止等にかかわる保育者の法的責任

●児童福祉法
第25条　要保護児童を発見した者は、これを市町村、都道府県の設置する福祉事務所若しくは児童相談所又は児童委員を介して市町村、都道府県の設置する福祉事務所若しくは児童相談所に通告しなければならない。ただし、罪を犯した満14歳以上の児童については、この限りでない。この場合においては、これを家庭裁判所に通告しなければならない。
第21条の10の5　病院、診療所、児童福祉施設、学校その他児童又は妊産婦の医療、福祉又は教育に関する機関及び医師、歯科医師、保健師、助産師、看護師、児童福祉施設の職員、学校の教職員その他児童又は妊産婦の医療、福祉又は教育に関連する職務に従事する者は、要支援児童等と思われる者を把握したときは、当該者の情報をその現在地の市町村に提供するよう努めなければならない。

実践編

●児童虐待の防止等に関する法律

第5条　学校、児童福祉施設、病院、都道府県警察、女性相談支援セン
ター、教育委員会、配偶者暴力相談支援センターその他児童の福祉に業務
上関係のある団体及び学校の教職員、児童福祉施設の職員、医師、歯科医
師、保健師、助産師、看護師、弁護士、警察官、女性相談支援員その他児
童の福祉に職務上関係のある者は、児童虐待を発見しやすい立場にあるこ
とを自覚し、児童虐待の早期発見に努めなければならない。
第6条　児童虐待を受けたと思われる児童を発見した者は、速やかに、これ
を市町村、都道府県の設置する福祉事務所若しくは児童相談所又は児童委
員を介して市町村、都道府県の設置する福祉事務所若しくは児童相談所に
通告しなければならない。

表4-2　保育所保育指針および幼保連携型認定こども園教育・保育要領
における不適切な養育等が疑われる家庭への支援

保育所保育指針 （2017年版）	幼保連携型認定こども園教育・ 保育要領（2017年版）
第3章　健康及び安全 1 子どもの健康支援 (1) 子どもの健康状態並びに発育及び発達状態の把握 ウ　子どもの心身の状態等を観察し、不適切な養育の兆候が見られる場合には、市町村や関係機関と連携し、児童福祉法第25条に基づき、適切な対応を図ること。また、虐待が疑われる場合には、速やかに市町村又は児童相談所に通告し、適切な対応を図ること。	第3章　健康及び安全 第1 健康支援 1 健康状態や発育及び発達の状態の把握 (3) 園児の心身の状態等を観察し、不適切な養育の兆候が見られる場合には、市町村（特別区を含む。以下同じ。）や関係機関と連携し、児童福祉法第25条に基づき、適切な対応を図ること。また、虐待が疑われる場合には、速やかに市町村又は児童相談所に通告し、適切な対応を図ること。

66

第4章　子育て支援 2　保育所を利用している保護者に対する子育て支援 （3）不適切な養育等が疑われる家庭への支援 イ　保護者に不適切な養育等が疑われる場合には、市町村や関係機関と連携し、要保護児童対策地域協議会で検討するなど適切な対応を図ること。また、虐待が疑われる場合には、速やかに市町村又は児童相談所に通告し、適切な対応を図ること。	第4章　子育ての支援 第2　幼保連携型認定こども園の園児の保護者に対する子育ての支援 9　保護者に不適切な養育等が疑われる場合の支援 保護者に不適切な養育等が疑われる場合には、市町村や関係機関と連携し、要保護児童対策地域協議会で検討するなど適切な対応を図ること。また、虐待が疑われる場合には、速やかに市町村又は児童相談所に通告し、適切な対応を図ること。

　〈事例1〉では、子ども虐待の疑いがあるにもかかわらず、上記の法令で求められている通告や適切な対応がなされていません。このような「法的責任の問題」を解決するためには、法令に従って、まず、市町村や関係機関に通告を行い、関係機関との連携のもとに、子どもや保護者に対する個別的な支援に取り組むことが求められます。

2．倫理綱領から考える

　〈事例1〉では、まず法令に従うことの必要性を確認しました。しかし、専門職としての責任を果たすためには、法令に従うことだけでは十分とはいえません。〈事例1〉における通告は、子どもの命を守るための最低限の義務であり、専門職として、日々の保育や子育て支援において取り組むべきことは他にもあります。それでは、〈事例1〉における専門職としての望ましい対応とは、具体的にどのようなことなのでしょうか？　専門職倫理が明文化された倫理綱領をもとに、この点について考えてみましょう。

実践編

（1）「全国保育士会倫理綱領」から考える

　まず、「全国保育士会倫理綱領」を参照してみましょう。この倫理綱領は、前文と8つの条文から構成されています。これらを参照すると、〈事例1〉では、専門職としてどのような対応を行うことが望ましいと考えられるでしょうか？

全国保育士会倫理綱領

　すべての子どもは、豊かな愛情のなかで心身ともに健やかに育てられ、自ら伸びていく無限の可能性を持っています。
　私たちは、子どもが現在（いま）を幸せに生活し、未来（あす）を生きる力を育てる保育の仕事に誇りと責任をもって、自らの人間性と専門性の向上に努め、一人ひとりの子どもを心から尊重し、次のことを行います。

　　・私たちは、子どもの育ちを支えます。
　　・私たちは、保護者の子育てを支えます。
　　・私たちは、子どもと子育てにやさしい社会をつくります。

1．子どもの最善の利益の尊重
　私たちは、一人ひとりの子どもの最善の利益を第一に考え、保育を通してその福祉を積極的に増進するよう努めます。
2．子どもの発達保障
　私たちは、養護と教育が一体となった保育を通して、一人ひとりの子どもが心身ともに健康、安全で情緒の安定した生活ができる環境を用意し、生きる喜びと力を育むことを基本として、その健やかな育ちを支えます。
3．保護者との協力
　私たちは、子どもと保護者のおかれた状況や意向を受けとめ、保護者とより良い協力関係を築きながら、子どもの育ちや子育てを支えます。
4．プライバシーの保護
　私たちは、一人ひとりのプライバシーを保護するため、保育を通して知り得た個人の情報や秘密を守ります。
5．チームワークと自己評価
　私たちは、職場におけるチームワークや、関係する他の専門機関との連携を大切にします。

68

また、自らの行う保育について、常に子どもの視点に立って自己評価を行い、保育の質の向上を図ります。
6．利用者の代弁
　私たちは、日々の保育や子育て支援の活動を通して子どものニーズを受けとめ、子どもの立場に立ってそれを代弁します。
　また、子育てをしているすべての保護者のニーズを受けとめ、それを代弁していくことも重要な役割と考え、行動します。
7．地域の子育て支援
　私たちは、地域の人々や関係機関とともに子育てを支援し、そのネットワークにより、地域で子どもを育てる環境づくりに努めます。
8．専門職としての責務
　私たちは、研修や自己研鑽を通して、常に自らの人間性と専門性の向上に努め、専門職としての責務を果たします。

　この倫理綱領では、保育者の責務として、保育を通して子どもの福祉を積極的に増進すること（「1．子どもの最善の利益の尊重」）や、子どもが心身ともに健康、安全で情緒の安定した生活ができる環境を整え、健やかな育ちを支えること（「2．子どもの発達保障」）が示されています。このことを踏まえると、〈事例1〉では、Bさんが健康を保持し、また心地よく園生活を過ごせるようにするためにも、他児とのかかわりを保障するためにも、まずは、清潔を保持することが重要です。

　また、Bさんが不衛生な状態であるために周囲から孤立している状況は、園生活において他児とのかかわりや活動参加の妨げとなっています。さらに、空腹を抱えたままでは、午前中の活動に十分に参加することも難しいでしょう。加えて、時々アザをつくって登園する状況からは、Bさんに対する身体的な虐待が疑われます。

　このように、Bさんが心身ともに健康、安全で、情緒の安定した園生活を送るうえで、いくつかの課題が見られます。保育者には、このような子どものニーズを受け止め（「6．利用者の代弁」）、保護者との協力のもとで、Bさんの育ちを支えていくことが求められます（「3．保護者との協力」）。

69

実践編

　とりわけ、ネグレクトや身体的虐待が疑われる点については、担任保育者のみで対応するのではなく、園内での連携のもとで、Bさんや保護者の支援にあたることが大切です（「5. チームワークと自己評価」）。あわせて、関係機関への通告と継続的な連携が求められます（「5. チームワークと自己評価」「7. 地域の子育て支援」）。

　このような園内外の連携を行いながら、Bさんやその保護者を支えていくためには、関係機関に関する情報、子ども虐待の早期発見、発生予防等に関する知識、記録作成方法に関する知識、子どもへのケアに関する知識・技術、保護者に対する子育て支援に関する知識・技術等が必要です。このように保育者には、常に専門性を高める努力が求められます（「8. 専門職としての責務」）。

　最後に、保育者にはBさんやその家族に関わる情報を口外することなく、秘密を守ることが求められます（「4. プライバシーの保護」）。

（2）NAEYC倫理綱領から考える

　次に、NAEYC倫理綱領を参照してみましょう。この倫理綱領はアメリカの保育専門職を対象としているため、実際にはわが国の法令とは異なる部分もありますが、保育者が具体的に何をすべきか、あるいはすべきではないのかを行為の水準で具体化しており、非常に参考になります。そこで、アメリカと日本では保育者の役割や保育制度に違いはありますが、NAEYC倫理綱領に示される内容を参照した場合の対応について、考えてみたいと思います。

1）子どもに対する倫理的責任

　まず、「セクションⅠ：子どもに対する倫理的責任」を参照してみると、表4-3のような内容が挙げられます。

70

第 4 章　保育における倫理的問題　①法的責任の問題

表4-3 〈事例1〉に関係する「子どもに対する倫理的責任」

セクションⅠ：子どもに対する倫理的責任
〈原理〉
I-1.4　子どもたちの脆弱さと、大人への依存性を認めること。
〈原則〉
P-1.1　何よりもまず、我々は子どもたちを傷つけてはならない。我々は、子どもたちに情緒的に害を与え、身体的に傷つけ、軽視するような、自尊心を傷つけるような、危険で、搾取するような、脅すような実践に参加してはならない。この原則は、倫理綱領の他の原則よりも優先される。
P-1.8　我々は、身体的虐待、性的虐待、暴言、精神的虐待や、身体的・情緒的ニーズに応じない、教育を受けさせない、医療を受けさせないことを含めた、児童虐待とネグレクトの危険因子や兆候に精通する。我々は虐待やネグレクトから子どもたちを守る州法や地域の手続き（community procedures）を知り、遵守する。
P-1.9　我々が、児童虐待やネグレクトを疑う妥当な理由を有する場合、それを適切な地域の機関に報告し、そして適切な行動がとられているかを確認するためにフォローアップを行う。必要に応じて、我々は両親や保護者に、照会があること、または照会されたことを伝える。

「原理（Ideal）」には、子どもたちの脆弱さと大人への依存性を認識することの必要性が示されています（I-1.4）。この原理に従って、「原則（Principle）」では、子どもたちを傷つけるような実践を行ってはならないこと（P-1.1）、子ども虐待について十分な知識を身につけること（P-1.8）が示されています。さらに、虐待の疑いがある場合には関係機関に連絡することに加え、通告後の関係機関の対応を把握することや、必要に応じて保護者に関係機関との連携について開示すること等が記載されています（P-1.9）。

これらを踏まえると、〈事例1〉では、幼いBさんが自らの権利を自身の力だけでは守ることができないことを踏まえ、権利保障のための支援が必要であることが明白です。そのためには、子ども虐待に関する

71

実践編

十分な知識を身につけ、適切な関係機関に通告すること、関係機関がB
さんおよびその保護者にどのような対応をとったのかを確認すること、
関係機関との連携状況を必要に応じて保護者に伝えること等が、倫理的
責任に適った対応であると考えられます。

2）家族に対する倫理的責任

　次に、「セクションⅡ：家族に対する倫理的責任」を参照してみる
と、〈事例1〉に関係する事項として表4-4の内容が挙げられます。

表4-4 〈事例1〉に関係する「家族に対する倫理的責任」

セクションⅡ：家族に対する倫理的責任
〈原理〉
I-2.2　相互の信頼関係を発展させ、我々がサービスを提供する家族とのパー
　　　トナーシップを築くこと。
〈原則〉
P-2.15　我々は、地域資源や専門的な支援サービスに精通し、適切にそれら
　　　を家族に紹介する。その後、サービスの適切な提供を確実にするためにフォ
　　　ローアップを行う。

　「原理」には、子どもの家族との信頼関係とパートナーシップの必要性
が示されています（I-2.2）。この原理に従って、「原則」では、保育者に
は社会資源に精通し、必要に応じて家族に紹介すること、さらには確実
な利用のためのフォローアップを行うことが求められています（P-2.15）。
　これを踏まえると、〈事例1〉では、まず、家族との関係構築を図り
ながらBさん家族の生活課題を把握し、必要な情報を提供することや、
利用しやすいようなサポートを行うこと、あるいはサービス利用を後押
しすること等が、保護者に対する保育者の倫理的責任に該当すると考え
られます。さらに、このような社会資源を紹介するためには、保育者自

身が地域の様々な社会資源に精通しておくことが求められます。

3．子どもの権利条約から考える

　最後に、子どもの権利の視点から、〈事例1〉への対応について考えてみましょう。日本は、1989年に児童の権利に関する条約（以下、子どもの権利条約）に批准しており、この条約を遵守することを約束しています。2023年4月には、子どもの権利に関する国内初の法律として、「こども基本法」が施行されました。この法律は、子どもの権利を擁護し、子どもが将来にわたって幸福な生活を送ることができる社会の実現を目指して、こども施策を総合的に推進することを目的としています。つまり、園や保育者には、これまで以上に子どもの権利を尊重した実践が求められています。

　子どもの権利条約は、「差別の禁止（第2条）」「子どもの最善の利益（第3条）」「生命への権利、生存・発達の確保（第6条）」「子どもの意見の尊重（第12条）」の4つを一般原則としています（表4-5）。これらを踏まえると、〈事例1〉では、Bさんの健康や安全、安心を保障するだけでなく（第6条）、Bさんが差別されることのないように配慮することや（第2条）、Bさん自身の意見を聞くこと（第12条）が望まれます。特に、子どもの最善の利益（第3条）は、大人が一方的に決めつけることはできません。子ども自身の思いや願い、考えを丁寧に聞き取りながら、何が子どもにとって最善であるのかを検討していく必要があります。

　〈事例1〉では、Bさんが園や家庭での生活をどのように感じているのか、困っていることは何か、どのような改善を望んでいるのか、Bさんの思いを丁寧に聞きながら、よりよい支援を考えていくことが大切です。また、〈事例1〉では虐待が疑われることから、「親による虐待・放任・搾取からの保護（第19条）」も関係すると考えられます。したがって、Bさんの意見を丁寧に聞き取りつつも、Bさんの健康や安全を守るための適切な対応を図ることが求められます。

実践編

表 4-5 〈事例 1〉に関係する子どもの権利条約

第 2 条　差別の禁止
1. 締約国は、その管轄内にある子ども一人一人に対して、子どもまたは親もしくは法定保護者の人種、皮膚の色、性、言語、宗教、政治的意見その他の意見、国民的、民族的もしくは社会的出身、財産、障害、出生またはその他の地位にかかわらず、いかなる種類の差別もなしに、この条約に掲げる権利を尊重しかつ確保する。
2. 締約国は、子どもが、親、法定保護者または家族構成員の地位、活動、表明した意見または信条を根拠とするあらゆる形態の差別または処罰からも保護されることを確保するためにあらゆる適当な措置をとる。

第 3 条　子どもの最善の利益
1. 子どもにかかわるすべての活動において、その活動が公的もしくは私的な社会福祉機関、裁判所、行政機関または立法機関によってなされたかどうかにかかわらず、子どもの最善の利益が第一次的に考慮される。
2. 締約国は、親、法定保護者または子どもに法的な責任を負う他の者の権利および義務を考慮しつつ、子どもに対してその福祉に必要な保護およびケアを確保することを約束し、この目的のために、あらゆる適当な立法上および行政上の措置をとる。
3. 締約国は、子どものケアまたは保護に責任を負う機関、サービスおよび施設が、とくに安全および健康の領域、職員の数および適格性、ならびに職員の適正な監督について、権限ある機関により設定された基準に従うことを確保する。

第 6 条　生命への権利、生存・発達の確保
1. 締約国は、すべての子どもが生命への固有の権利を有することを認める。
2. 締約国は、子どもの生存および発達を可能なかぎり最大限に確保する。

第 12 条　子どもの意見の尊重
1. 締約国は、自己の見解をまとめる力のある子どもに対して、その子どもに影響を与えるすべての事柄について自由に自己の見解を表明する権利を保障する。その際、子どもの見解が、その年齢および成熟に従い、正当に重視される。

2. この目的のため、子どもは、とくに、国内法の手続規則と一致する方法で、自己に影響を与えるいかなる司法的および行政的手続においても、直接にまたは代理人もしくは適当な団体を通じて聴聞される機会を与えられる。

第 19 条 親による虐待・放任・搾取からの保護
1. 締約国は、(両)親、法定保護者または子どもの養育をする他の者による子どもの養育中に、あらゆる形態の身体的または精神的な暴力、侵害または虐待、放任または怠慢な取扱い、性的虐待を含む不当な取扱いまたは搾取から子どもを保護するためにあらゆる適当な立法上、行政上、社会上および教育上の措置をとる。
2. 当該保護措置は、適当な場合には、子どもおよび子どもを養育する者に必要な援助を与える社会計画の確立、およびその他の形態の予防のための効果的な手続、ならびに上記の子どもの不当な取扱いについての事件の発見、報告、付託、調査、処置および追跡調査のため、および適当な場合には、司法的関与のための効果的な手続を含む。

第 4 節　よりよい実践にむけて

　〈事例 1〉では、保育者の「法的責任の問題」として、虐待の疑いのある子どもへの対応について取り上げました。この他にも、保育者が直面する可能性のある「法的責任の問題」として、情報漏洩や保育者による子どもへの虐待などが挙げられます。では、これらの問題に適切に対応するためには、保育者にはどのような知識や態度が求められるでしょうか。

　保育者が法的問題に気づくためには、まず何よりも法令に関する知識が必要です。〈事例 1〉において、保育者が児童虐待防止法や児童福祉法について十分な知識があれば、園や保育者がなすべきことがわかり、通告の必要性に気づくことができたと考えられます。子ども虐待に関わる法令の他に、すべての保育者が確実に遵守すべき法令として、「秘

実践編

密保持義務」「信用失墜行為の禁止」「虐待等の禁止」等が挙げられます
（表4-6）。

表4-6　保育士の法的責任

●秘密保持義務（児童福祉法　第18条の22）

保育士は、正当な理由がなく、その業務に関して知り得た人の秘密を漏らし
てはならない。保育士でなくなった後においても、同様とする。

※秘密保持義務違反に対する罰則規定（児童福祉法　第61条の2）

第18条の22の規定に違反した者は、1年以下の懲役又は50万円以下の罰金に処する。

●信用失墜行為の禁止（児童福祉法　第18条の21）

保育士は、保育士の信用を傷つけるような行為をしてはならない。

●虐待等の禁止（児童福祉施設の設備及び運営に関する基準　第9条の2）

児童福祉施設の職員は、入所中の児童に対し、法第33条の10各号に掲げる
行為その他当該児童の心身に有害な影響を与える行為をしてはならない。

※「法第33条の10各号に掲げる行為その他当該児童の心身に有害な影響を与える行為」の例

①身体的虐待（首を絞める、殴る、蹴る、叩く、投げ落とす、激しく揺さぶる、逆さ吊りに
　する、食事を与えない、傷害を生じさせる行為等）

②性的虐待（必要の無い場面で裸や下着の状態にする、わいせつな言葉を発する、性的な話
　を強要する等）

③ネグレクト（長時間ひどく不潔なままにする、コミュニケーションをとらず保育を行う、
　適切な食事を与えない、閉じ込める、部屋の外に締め出す、虐待等を行う他の保育士・保
　育教諭などの第三者、他の子どもによる身体的虐待や性的虐待、心理的虐待を放置する、
　他の職員等による不適切な指導を放置する）

④心理的虐待（脅かし、著しく差別的な扱い、無視・拒否、侮蔑、侮辱、自尊心を傷つける
　ような言動・行動、感情的な叱責等）

　保育者には、児童福祉法において「秘密保持義務（児童福祉法第18条
の22）」が規定されています。これに違反した場合には、「1年以下の懲
役又は50万円以下の罰金（児童福祉法第61条の2）」が科せられます。こ

れほど重い罰則が規定されるほど、秘密保持は重要であるということです。例えば、〈事例1〉の保育者が、他の保護者にBさんの保護者が虐待をしていることを話してしまったら、Bさん家族にどのような不利益が生じるでしょうか？　もし、保護者の間で噂が広がり、Bさん家族に対する様々な差別や偏見が生じれば、園を利用しづらくなるでしょう。さらに、SNSでそうした情報が広がれば、Bさん親子が地域で生活していくことも困難になります。このように、子どもや保護者の生活を決して脅かすことのないよう、専門職として秘密保持義務をしっかりと遵守することが求められます。

　このような秘密保持義務に違反したり、子どもに対する虐待や不適切な保育を行ったりすることは、保育士や保育教諭、幼稚園教諭という職種全体に対する信用を損ないます。このようなことがないよう、児童福祉法には「信用失墜行為の禁止（児童福祉法第18条の21）」が規定されています。とりわけ、近年では保育者による子どもへの虐待や「不適切な保育」が相次いで報告されています[2]。このような事例は、社会における保育者に対する信用を低下させることになるのです。そのため、児童福祉法では、このような専門職としての社会的信用を損なうような行為を禁止しています。

　さらに、法的問題は一人ひとりの保育者が、法令について正しく理解することはもちろんのこと、園全体で適切な実践を行うための組織的な仕組みも不可欠です。〈事例1〉では、担任のC先生はBさんの状況の改善を望んでいますが、園としては家庭生活には介入しないという方針を示しています。つまり、いくら一人ひとりの保育者が法令に基づいて専門職としての責任を果たそうと考えていても、組織としての最終判断がそれとは異なる場合には、子どもの権利を守ることができません。したがって、園全体で、子どもに対する倫理的責任を果たすための仕組みが不可欠です。万一、園内では法的問題の改善が見込めない場合には、園の設置自治体に相談するなど、改善に向けた対応が必要となります。

実践編

コラム　児童虐待とは

　児童虐待の防止等に関する法律第2条において、「児童虐待」は4種類に分類されています（表4-7）。また、児童虐待をより広く捉えた概念として、「マルトリートメント」があります。マルトリートメントは児童虐待だけでなく、子どもの心身の健全な発達を阻害するような不適切な行為全般を含めた不適切な養育を指しています。

表4-7　児童虐待の定義および具体例

種類	定義[※1]	具体例[※2]
身体的虐待	児童の身体に外傷が生じ、又は生じるおそれのある暴行を加えること。	殴る、蹴る、叩く、投げ落とす、激しく揺さぶる、やけどを負わせる、溺れさせる、首を絞める、縄などにより一室に拘束するなど。
性的虐待	児童にわいせつな行為をすること又は児童をしてわいせつな行為をさせること。	こどもへの性的行為、性的行為を見せる、性器を触る又は触らせる、ポルノグラフィの被写体にするなど。
ネグレクト	児童の心身の正常な発達を妨げるような著しい減食又は長時間の放置、保護者以外の同居人による前2号又は次号に掲げる行為と同様の行為の放置その他の保護者としての監護を著しく怠ること。	家に閉じ込める、食事を与えない、ひどく不潔にする、自動車のなかに放置する、重い病気になっても病院に連れて行かないなど。
心理的虐待	児童に対する著しい暴言又は著しく拒絶的な対応、児童が同居する家庭における配偶者に対する暴力（配偶者（婚姻の届出をしていないが、事実上婚姻関係と同様の事情にある者を含む。）の身体に対する不法な攻撃であって生命又は身体に危害を及ぼすもの及びこれに準ずる心身に有害な影響を及ぼす言動をいう。）その他の児童に著しい心理的外傷を与える言動を行うこと。	言葉による脅し、無視、きょうだい間での差別的扱い、こどもの目の前で家族に対して暴力をふるう（ドメスティックバイオレンス：DV）、きょうだいに虐待行為を行うなど。

※1：児童虐待の防止等に関する法律第2条に記載される定義
※2：こども家庭庁HP「児童虐待防止対策2. 児童虐待の定義」(https://www.cfa.go.jp/policies/jidougyakutai/)（2024年1月2日情報取得）

注・引用文献

1) Feeney, S. & Freeman, N. K. (2018) *Ethics and the Early Childhood Educator: Using the NAEYC Code (Third Edition)*, NAEYC
2) こども家庭庁（2023）「保育所等における虐待等の防止及び発生時の対応等に関するガイドライン（令和5年5月）」

参考文献

Feeney, S. & Freeman, N. K. (2018) *Ethics and the Early Childhood Educator: Using the NAEYC Code (Third Edition)*, NAEYC

喜多明人・森田明美・広沢明・荒牧重人編（2009）『[逐条解説] 子どもの権利条約』日本評論社

厚生労働省編（2018）『保育所保育指針解説』フレーベル館

内閣府・文部科学省・厚生労働省編（2018）『幼保連携型認定こども園教育・保育要領解説』フレーベル館

World Health Organization ホームページ. *Child maltreatment.*（https://www.who.int/news-room/fact-sheets/detail/child-maltreatment、2024/1/3 情報取得）

第5章
保育における倫理的問題　②倫理的責任の問題

中谷 奈津子

第1節　肌の弱い子どもへの与薬行為とその対応

　次に、〈事例2〉を読み、F先生の直面している問題について考えてみましょう。F先生は、1歳児クラス（子ども17名、保育者3名（F先生含む））の主担任です。クラスには肌の弱いEさんがいます。

〈事例2〉肌の弱い子どもへの与薬行為とその対応

　D保育園の1歳児クラスに在籍するEさんは、今年入園したばかりです。年度はじめに保護者面談があり、F先生は保護者から「保育中に保湿剤を塗ってもらえないでしょうか」と尋ねられました。F先生は、肌の弱いEさんを育てる保護者の心配やこれまでの苦労を丁寧に受け止め、すぐに管理職にその可否を確認しました。医師からの指示書も得られたことから、保育時間内での保湿剤の塗布は許可されました。

　薬剤は事務室で鍵をかけて管理しており、与薬行為は複数の目で確認するため事務室で行います。D保育園には看護師が配属されていないこともあり、Eさんに保湿剤を塗布するのはF先生の役割となりました。1歳児クラスは複数担任制でしたが、他の保育者は非常勤職員で

あり、トラブルや事故を防ぐためにも主担任が担当し、責任を明確にした方がよいだろうという管理職の配慮がありました。実は、そのことによって、責任感の強いF先生に大きな負担がのしかかっていくことになるのでした。

　はじめは1日2回の塗布だけで、事務所にEさんを連れて行くのも朝と午睡前だけでした。しかしやがて夏になると、そこに日焼け止めクリームが加わり、回数も徐々に増えていきました。プールや屋外活動など、陽に当たる活動の前後には、保湿剤をこまめに塗布することがF先生に求められるようになりました。保護者からはその都度、医師の指示書がきちんと提出されるため、園の手続き的には何の問題もありません。

　プールに入る前やクラスで散歩に出る時などには、F先生はクラスの子どもたちにその場で待つように伝え、他の保育者に子どもたちの安全の見守りを依頼し、急いで事務室にEさんだけを連れ出し、個別に保湿剤等を塗りました。当然、その間の子ども全体の安全を見守る大人の目は乏しくなります。毎日のことでもあり、他の子どもたちから不平不

満が出ることや、他に配慮すべき子どもの姿もありました。F先生自身「他の子どもたちは大丈夫だろうか」と思うと、どうしてもハラハラしてしまい、Eさんへの対応も落ち着いてできない状態になるのでした。

　でもF先生は、熱心さのあまり、その大変さを他の先生に訴えることはしませんでした。また管理職や他の保育者も、そうした様子に気づきながらも、何かよりよい方法をともに考えるといった方向に動くことはありませんでした。

第2節　問題の性質を特定する

　〈事例2〉では、肌の弱いEさんに対して、F先生は毎日根気強く関わっていることがうかがえます。初回の保護者との面談から園での保湿剤塗布の許可までは、特に問題なくことが進んできたことが読み取れます。家庭からは、医師の指示書や与薬依頼書なども滞りなく提出されていました。F先生自身も、家庭の大変さに寄り添い、保護者とともに園でできる対応を考えようとする姿勢を有しています。管理職も、事故予防の観点から主たる担当者（F先生）を決め、薬剤管理の徹底や与薬確認票などの書類の準備も忘れてはいません。

　では、この事例において問題として考えられるところはどこでしょうか。最も大きな課題は、保護者の依頼が次第に増えていくに従って、F先生の負担がみるみる増大したにもかかわらず、与薬に関わる体制の再検討ができなかったことにあると思われます。F先生は熱心さのあまり、自分で何とかしようとしてしまい、誰かに助けを求めることなど思いもつきませんでした。また管理職やその他の保育者も、F先生の大変さに薄々気がついていたにもかかわらず、具体的な改善策を提案することはありませんでした。その結果、子どもたちにとっては「待つだけ」の時間が長くなり、集団としての子どもの安全の確保が脆弱にならざる

を得ず、また本来ならその間に可能となったはずの様々な活動や経験が奪われることとなりました。

職場の問題の分析と対処
第1部：問題の性質を見極める

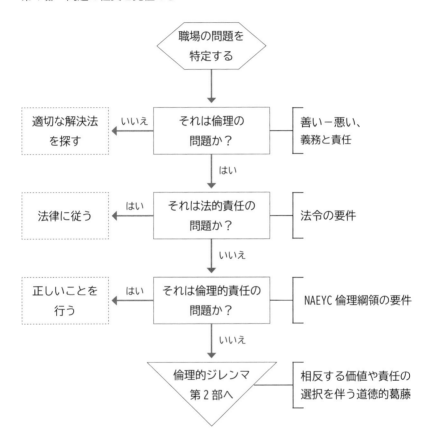

図 5-1　問題の性質を見極めるためのフローチャート

出典：Feeney, S. & Freeman, N. K. (2018) *Ethics and the Early Childhood Educator: Using the NAEYC Code (Third Edition)*, NAEYC, p.21 を翻訳

この事例においても、『NAEYC倫理綱領ガイドブック』[1]に示される
フローチャート（図5-1）を用いて、問題の性質を考えてみましょう。

　まず、フローチャートの最初の問いは「それは倫理の問題か？」、つ
まり、善悪や義務と責任に関する問題であるか否かです。F先生が直
面しているのは、子どもに対する義務や責任に関わることであり、「は
い」に該当します。

　次に、「それは法的責任の問題か？」という項目では、法令の要件に
関わるか否かが問われています。もちろん、保育者は医療行為を行うこ
とはできません。ただし、与薬するのが医師の処方を受けた医薬品で、
医師による指示書があり、事前に家族からの具体的な依頼がある場合、
それは医療行為ではないと考えられています[2]。

　〈事例2〉では、Eさんは医師による診断を受け、与薬されているの
は医師によって処方された医薬品であり、それについての与薬依頼票が
家族から提出されており、保湿剤の塗布そのことが法律に触れる問題と
はなりません。よって「それは法的責任の問題か？」については「いい
え」に該当します。

　では、「それは倫理的責任の問題か？」についてはどうでしょうか。
全国保育士会倫理綱領においては、「5. チームワークと自己評価」が
掲げられています。この事例における保育者たちの対応は、子どもの最
善の利益を考えるために、職場におけるチームワークを大切にし、自己
評価を通した保育の質向上を図るものといえるでしょうか。もうおわか
りのように、〈事例2〉においては、「それは倫理的責任の問題か？」に
対して「はい」が該当し、保育者には「正しいことを行う」ことが求め
られていきます。

実践編

全国保育士会倫理綱領（2003 年策定）（一部抜粋）

1. 子どもの最善の利益の尊重

　私たちは、一人ひとりの子どもの最善の利益を第一に考え、保育を通してその福祉を積極的に増進するよう努めます。

2. 子どもの発達保障

　私たちは、養護と教育が一体となった保育を通して、一人ひとりの子どもが心身ともに健康、安全で情緒の安定した生活ができる環境を用意し、生きる喜びと力を育むことを基本として、その健やかな育ちを支えます。

5. チームワークと自己評価

　私たちは、職場におけるチームワークや、関係する他の専門機関との連携を大切にします。

　また、自らの行う保育について、常に子どもの視点に立って自己評価を行い、保育の質の向上を図ります。

第3節　保育者の倫理的責任を理解する

　先にも述べたように、〈事例2〉では、与薬そのものについての問題点は見られません。では、どのような倫理的責任があり、どのような対応が求められるのでしょうか。具体的に考えてみましょう。

Ⅰ. 保育所保育指針、幼保連携型認定こども園教育・保育要領およびその解説から考える

　保育所保育指針、幼保連携型認定こども園教育・保育要領においては、与薬行為そのものに関する記述はありませんが、子どもの健康および安全の確保は、子どもの生命の保持と健やかな生活の基本であることが示されています。

　一方、『保育所保育指針解説』および『幼保連携型認定こども園教育・保育要領解説』においても、「保育は、子どもの健康と安全を欠いては成立しない」ことが示され、園における健康と安全は、「一人一人

の子ども」に加えて、「集団の子ども」の健康と安全から成り立っていることが強調されています。つまり、何らかの個別対応が必要な子どもの健康を保障することと同時に、集団の子どもの安全が疎かにされてはならないということが指摘されます（表5-1）。

〈事例2〉は、個も集団も大切にしたいと願うF先生の熱心さに支えられた実践ではありますが、別の見方をすればF先生が1人で担う部分が大きく、職員間の連携や体制構築が十分ではないようにも見受けられます。

さらに、同解説には事故防止への対策として、「常に全員の子どもの動きを把握し、職員間の連携を密にして子どもたちの観察の空白時間が生じないようにする」ことが示されています。〈事例2〉では、Eさんを事務室に連れて行く間、F先生が抜ける間の保育者の見守りや観察の目が乏しくなっており、1歳児という手のかかる子どもたちを見守る目をどう厚くするかが課題となります。配慮すべき別の子どもたちが不安定な時などには、不慮の事故の可能性が高まってしまうことも考えられます。よりよい保育体制のために、具体的な方策を検討する必要があるでしょう。

2. 倫理綱領から考える

(1)「全国保育士会倫理綱領」から考える

では、改めて「全国保育士会倫理綱領」を参照してみましょう。〈事例2〉では、専門職としてどのような対応を行うことが望ましいと考えられるでしょうか。

この倫理綱領では、一人ひとりの子どもの最善の利益を第一に考えること（「1. 子どもの最善の利益の尊重」）や、子どもが心身ともに健康、安全で情緒の安定した生活ができる環境を整え、健やかな育ちを支えること（「2. 子どもの発達保障」）が示されています。このことを踏まえると、〈事例2〉では、肌の弱いEさんの健康増進を図るための適切な対応は

実践編

表 5-1　保育所保育指針および幼保連携型認定こども園教育・保育要領
の解説における健康及び安全、事故防止

『保育所保育指針解説』 （2018 年度版）	『幼保連携型認定こども園 教育・保育要領解説』（2018 年版）
第 3 章　健康及び安全 子どもの生命と心の安定が保たれ、健やかな生活が確立されることは、日々の保育の基本である。そのためには、一人一人の子どもの健康状態や発育及び発達の状態に応じ、子どもの心身の健康の保持と増進を図り、危険な状態の回避等に努めることが大切である。保育は、<u>子どもの健康と安全を欠いては成立しないことを、施設長の責務の下に全職員が共通して認識することが必要である。</u> <u>また、保育所は、子どもが集団で生活する場であり、保育所における健康と安全は、一人一人の子どもに加えて、集団の子どもの健康と安全から成り立っているといえる。</u> 3.　環境及び衛生管理並びに安全管理 (2)　事故防止及び安全対策 また、保育中、常に全員の子どもの動きを把握し、職員間の連携を密にして子どもたちの観察の空白時間が生じないようにする。子どもの安全の観察に当たっては、午睡の時間を含め、<u>一人一人の子どもを確実に観察することが重要である。</u>	第 1 章　総則 第 3 節　幼保連携型認定こども園として特に配慮すべき事項 5　園児の健康及び安全 園児の生命と心の安定が保たれ、健やかな生活が確立されることは、日々の教育及び保育の基本である。そのためには、園児一人一人の健康状態や発育及び発達の状態に応じ、園児の心身の健康の保持、増進を図り、危険な状態の回避等に努めることが大切である。教育及び保育は、健康と安全を欠いては成立しないことを、園長の責務の下に全職員が共通して認識することが必要である。 また、幼保連携型認定こども園は、園児が集団で生活する場であり、教育及び保育における健康と安全は、園児一人一人に加えて、集団の園児の健康と安全から成り立っていると言える。 (2)　環境及び衛生管理並びに安全管理 ②事故防止及び安全対策 3)　事故防止マニュアルの整備と事故予防 園児の動静については、常に全員の園児を把握することが必要であり、<u>観察の空白時間が生じないよう職員間の連携を密にすることが大切である。また、午睡を含め、園児の安全の観察に当たっては、園児一人一人を確実に観察すること</u>が重要である。

備考：着目したい箇所に、筆者下線。

もちろん、その他の子どもたちに対する健康・安全を保障するための環境整備を忘れてはなりません。F先生が孤軍奮闘する体制ではなく、職場におけるチームワークを大切にすること、Eさんや他の子どもたちの視点に立って保育を見直し、それぞれの子どもにとってよりよいあり方やそのために必要な職員間の連携について考えることが求められるでしょう（「5. チームワークと自己評価」）。

　さらに〈事例2〉においては、トラブルや事故を防ぐために、正規職員であり、かつ主担任であるF先生を与薬の責任者としていました。そのこと自体は適切な判断であったと思われますが、与薬の責任者が担うべきことを「塗布する責任」と捉えるか、「Eさんに適切に塗布されているかどうか」を毎日把握し、その状況を管理することとするかは検討の余地があります。もし、F先生をEさんの塗布を管理する責任者として捉えるなら、他の保育者たちも自らの学びや職員相互の学び合い、さらには研修等を通して、与薬に関する知識・技術を習得し、Eさんの与薬に適切に対処できるようにしていくことが求められます。「全国保育士会倫理綱領」においても、「8. 専門職としての責務」として、研修や自己研鑽を通して、常に自らの人間性と専門性の向上に努め、専門職としての責務を果たしていくことが求められています。

（2）NAEYC倫理綱領から考える

　次に、NAEYC倫理綱領を参照してみましょう。先にも述べた通り、この倫理綱領はアメリカの保育専門職を対象としているため、実際には、わが国の法令とは異なる部分もあります。しかしそれは、保育者が実践の場で、どのようなことをするべきか、するとよいのかといった行為レベルにまで着目し、具体化して記述されているため、日本の保育者にとっても非常に参考になるものです。わが国での活用における限界は認めつつも、NAEYC倫理綱領に示される内容を参照した場合の対応について、ここでも考えてみたいと思います。

実践編

1）子どもに対する倫理的責任

　まず、「セクションⅠ：子どもに対する倫理的責任」を見てみると（表5-2）、一人ひとりの子どもたちのために、安全で、健康的で、養育的な保育の提供が求められており、一人ひとりの違いを尊重することの重要性が記されています。繰り返しになりますが、このことを踏まえると、子どもたち全体に対する生活や遊び、安全を保障することと、肌の弱いEさんへの個別対応を適切に行うことは、園においては当然いずれもしなければならないことになります。もちろんEさんへの個別対応によって、他の子どもたちへの影響が大きくなるようであれば、園として、別のサービスの追加を検討する必要もあるでしょう。今回の場合は、P-1.7に示されるような「他の子どもたちの能力を著しく損なう」事案にまではなっていませんが、子どもたちからの不平不満が見られることや、他の子どもの安全性が危ぶまれたりすることもあり、何らかの手立てが必要となります。

表5-2 〈事例2〉に関係する「子どもに対する倫理的責任」

セクションⅠ：子どもに対する倫理的責任
子ども期は、人間のライフサイクルのなかで、ユニークで価値ある時期である。我々の最大の責任は、一人ひとりの子どもたちのために、安全で、健康的で、養育的で、応答的な環境で、保育を提供することである。我々は、子どもたちの発達と学習を支援すること、子ども一人ひとりの違いを尊重すること、そして、子どもたちが生活し、遊び、協働することを学べるように援助することを約束する。
〈原理〉
Ⅰ-1.5　子どもたちの社会的、情緒的、認知的、身体的な発達を促し、子どもたちの尊厳と貢献を尊重する、安全で健康的な環境をつくり、維持すること。
〈原則〉
P-1.7　我々は、子どもたち一人ひとりと個別の関係を構築するように努める。例えば、教育方法、学習環境およびカリキュラムを、子どもたち一人ひ

90

とりに応じたものにする：そして、それぞれの子どもがプログラムから利益が得られるように家族と話し合う。もし、そのような努力がなされた後、現在のクラス分けが子どものニーズに合致していないか、ある子どもが、園から利益を得ている他の子どもたちの能力を著しく損なうならば、我々は、その子どもの家族および適切な専門家と協力して、必要とされるサービスの追加を決定する。（略）

2）家族に対する倫理的責任

　次に、「セクションⅡ：家族に対する倫理的責任」（表5-3）を見てみましょう。ここでは、家族と保育者は、子どものウェルビーイングを共通の関心としていることが確認され、保育者は家庭とのコミュニケーション、協力、協働を図る責任を有していると記されています。〈事例2〉においては、F先生が家族とコミュニケーションを図り、家族の気持ちや意向を受け止め、ともに協力してEさんの健康増進に努めていることが見受けられます。よって、Eさんの家族に対する倫理的責任は適切に果たされているものと判断できるでしょう。

表5-3　〈事例2〉に関係する「家族に対する倫理的責任」

セクションⅡ：家族に対する倫理的責任
子どもたちの発達にとって家族は最も重要である。家族と保育者は、子どものウェルビーイングを共通の関心としているため、我々は、子どもの発達を促すように、家庭と園とのコミュニケーション、協力、協働を図るという、第一次的な責任を認識する。
〈原理〉
I-2.2　相互の信頼関係を発展させ、我々がサービスを提供する家族とのパートナーシップを築くこと。

実践編

3）同僚に対する倫理的責任

　では、「セクションⅢ：同僚（colleague）に対する倫理的責任」（表5-4）についてはどうでしょうか。I-3A.1 においては、同僚との信頼や協働、協力の関係性の確立と持続が記されています。I-3A.2 においては、同僚と協力しながら、可能な限り最善の保育プログラムの提供を保証することが謳われています。さらに、1-3A.3 においては、専門職としての成長にも言及されています。〈事例2〉の管理職や他の保育者たちは、F先生の大変さや子どもたちの落ち着かない様子に気づきながらも、状況を改善するような協力を提案したり、よりよい実践のための役割分担や体制構築を再検討したりといったことはなされませんでした。こうした状況を踏まえると、この事例においては、特に職場の同僚に対する倫理的責任に課題があったと指摘できるでしょう。

表5-4 〈事例2〉に関係する「同僚に対する倫理的責任」

セクションⅢ：同僚（colleague）に対する倫理的責任
温かく、そして協力的な職場においては、人間としての尊厳は尊重され、専門職としての満足感が高まり、そして肯定的な関係が発展し、維持される。同僚に対する我々の第一次的責任は、我々の中核的価値に基づいて、建設的な取り組みを支援し、専門職としてのニーズに応えるような環境と関係を確立し、それを持続することである。我々が職場において大人とかかわり合う時にも、子どもに適用されるのと同じ原理が適用される。

A-同僚（coworkers）に対する責任
〈原理〉
I-3A.1　同僚と、尊重、信頼、守秘、協働、および協力という関係を確立し、持続すること。
I-3A.2　同僚と資源を共有し、可能な限り最善の保育プログラムの提供を保証するために協力すること。
I-3A.3　同僚の専門職としてのニーズに応え、そして専門職として成長できるように支援すること。

第4節　よりよい実践にむけて

　〈事例2〉では、園での「与薬」に関わる保育中の対応について取り上げました。では、この事例をよりよいものにするためには、どのような方策が考えられるでしょうか。

　第1に、F先生自らが自身の大変さを認識し、周囲に理解と協力を求めることが考えられます。F先生があたふたとEさんの対応に追われている間、他の多くの子どもたちには「その場で待つこと」が求められ、その間の安全の見守りはどうしても乏しいものにならざるをえませんでした。他の子どもの不安定な状態や突発的な事態などが重なった際には、大きな事故につながってしまう可能性も考えられます。周囲に協力を求めることは、自分に厳しい熱心な保育者にとって、あるいは、周囲の保育者との関係がまだ十分に構築されていない保育者にとって、難しい側面があるかもしれません。しかし、保育は1人で担えるものではないことを念頭においてこの事例を見直してみると、子どもの安全と発達を守るために、同僚を信頼し、協力し合い、協働の関係を構築することは、専門職として、とても重要なことであると気づくはずです。「全国保育士会倫理綱領」にも記されているように、同じ園で働く保育者集団としてチームワークや連携を大切にしながら、ともによりよい実践をつくっていけることを願っています。

　次に、同僚同士が声をかけ合える雰囲気づくりや、困りごとを率直に伝え合う機会も大切であると考えられます。話し合いについては、定期的にクラス会議などを開催している園もあれば、打ち合わせの時間すらなかなか持てない園もあるかもしれません。午睡時や朝礼の前後など、たとえ短時間であっても、定期的に、かつ意識的に、話し合える時間を設定することから始めてみるとよいでしょう。すでに互いの関係性が固定的になっていて、少人数での話し合いが難しいと思われる場合には、メンバーの話し合いや関係性をさりげなく調整してくれそうなキーパー

ソン、例えば、主任保育者やリーダー、フリー保育者といったミドルリーダーなどに同席してもらうことも考えられます。まずは、会議において、それぞれが建設的で率直な意見を出せることが重要です。

　例えば〈事例2〉の場合には、1歳児の子どもたちが「待つ」ことについて発達的にどのような意味があるか、もし待つ時間を少なくするとすれば、どのような方法が考えられるか、それぞれの立場からできることを提案してもらうとよいでしょう。「子どもの最善の利益」と「子どもの発達保障」のために、自分たちにどのようなことができると考えるのか。それは保育者にとって非常に基本的な問いであり、根幹となる課題でもあります。多様な意見があるにせよ、建設的な話し合いから、子どもの健康と安全を守るためのよりよい方策が見えてくるはずです。話し合いを踏まえたその場の決定は、実践場面での意思疎通のスムーズさにつながることも期待されます。

　さらに、園長や主任保育者といった管理職の役割についても忘れてはなりません。先に述べた話し合いの提案や後押し、うまく機能するための支援などには、管理職からの働きかけが大きく影響するものと思われます。また、管理職が日々園全体の保育の様子を見守り、必要に応じて保育者の抱える、まだ言語化されていない困りごとに気づかせ、保育中の課題を自らの課題として見つめるよう促していくことも有効であると思われます。

　〈事例2〉においては、必要な書類の準備や手続き、薬剤管理については、適切に行われている様子が見てとれました。しかし、日々、与薬行為について責任感の強いF先生に任せて安心するのではなく、F先生がどのような様子か、保育中の負担はどれくらいか、当該子どもと家庭のみならず、その他の子どもたちにとって与薬行為から派生する影響はどのようなものか、何らかの方法で確認する必要があったものと思われます。そのうえで、必要な資源をどのように配置したらよいか、園組織としてどのような環境整備をしたらよいか等、園全体の問題として検討することも求められていたのではないでしょうか。

コラム　与薬について

　子育てと就労の両立支援が社会的課題となり、低年齢児の保育が一般化したことに伴って、「熱はないものの、薬の服用が必要な子ども」が登園することが多く見られるようになってきました。園における与薬は、『保育所保育指針解説』、『幼保連携型認定こども園教育・保育要領解説』に示されています（表5-5）。また、日本保育保健協議会のホームページでは、「保育とくすり」のページが設けられ、保育施設における与薬の考え方、保護者へのお便りの例、与薬申込書の例などを示し、その活用を提案しています。

表5-5　『保育所保育指針解説』および『幼保連携型認定こども園教育・保育要領解説』における与薬に関する留意点

『保育所保育指針解説』 （2018年度版）	『幼保連携型認定こども園 教育・保育要領解説』（2018年版）
第3章 健康及び安全 1 子どもの健康支援 （3）疾病等への対応 ⑤与薬に関する留意点 保育所において子どもに薬（座薬等を含む。）を与える場合は、医師の診断及び指示による薬に限定する。その際は、保護者に医師名、薬の種類、服用方法等を具体的に記載した与薬依頼票を持参させることが必須である。保護者から預かった薬については、他の子どもが誤って服用することのないように施錠のできる場所に保管するなど、管理を徹底しなくてはならない。また、与薬に当たっては、複数の保育士等で、対象児を確認し、重複与薬や与薬量の確認、与薬忘れ等の誤りがないようにする必要がある。与薬後には、子どもの観察を十分に行う。	第1章 総則 第3節 幼保連携型認定こども園として特に配慮すべき事項 5 園児の健康及び安全 （1）健康支援 ③ 疾病等への対応 4）与薬への留意点 幼保連携型認定こども園において薬を与える場合は、医師の指示に基づいた薬に限定する。その際には、保護者に医師名、薬の種類、内服方法等を具体的に記載した与薬依頼票を持参させる。保護者から預かった薬については、他の園児が誤って内服することのないように施錠のできる場所に保管する等、管理を徹底することが重要である。与薬に当たっては、複数の保育教諭等で、重複与薬、人違い、与薬量の誤認、与薬忘れ等がないよう確認することが重要である。座薬を使用する場合には、かかりつけ医の具体的な指示書に基づき、慎重に取り扱う。

95

実践編

注・引用文献

1) Feeney, S. & Freeman, N. K. (2018) *Ethics and the Early Childhood Educator: Using the NAEYC Code (Third Edition)*, NAEYC

2) 厚生労働省（2015）「医師法第17条、歯科医師法第17条及び保健師助産師看護師法第31条の解釈について（通知）」医政発第0726005号.

参考文献

日本保育保健協議会ホームページ「保育とくすり」（https://nhhk.net/column/category/childcare-and-drugs/、2024/6/11情報取得）

第6章
保育における倫理的問題　③倫理的ジレンマ

中谷 奈津子

第１節　午睡をやめさせたい保護者とその対応

　次に、〈事例3〉を読み、3歳児クラスの担任であるG先生が直面している午睡の問題について考えてみましょう。

〈事例3〉午睡をやめさせたい保護者とその対応

　H保育園の3歳児クラスに在籍するIさんは、母親の仕事の都合から、毎朝5：30に起床し、園の開所時間（7：00）に登園します。母親は、そこから1時間ほど離れた会社に通勤し、夕方は閉所時間（19：00）ギリギリに迎えに来る毎日です。早く出勤することで「残業はなるべくしなくて済む」と、母親は、今の時間配分をすることで、何とか仕事と子育てのバランスをとっているようでした。また、父親に送迎を依頼することは難しいようです。園では何気ない会話を大切に、母親の日々の大変さを労いながら、親子の様子も見守っていました。

　4月当初、登園後のIさんは、ぼうっとして活動に集中できなかったり、不機嫌になって友だちとトラブルになったりすることがありました。給食の際には、座ったまま寝てしまい、保育者に起こされながら何

とか食べる状況もあります。G先生は、Iさんの24時間の生活を見通し、よりよい保育のあり方について検討する必要を感じました。クラス会議、職員会議などで話し合いを重ねてみると、他にも同じような子どもたちの姿が確認され、子どもの起床時間や登園時間を考慮して、給食をはじめとした園生活のグループ分けをすることとしました。早い時間帯のグループは、早めに給食を食べ、早く午睡がとれるようにしたのです。そのことによって、Iさんは、朝に少しぐずることはあっても、情緒的に安定し、日中、活発に活動できるようになりました。保護者にも、お便りや送迎時の会話などで、生活グループをつくって保育をしていることを知らせています。

 ある日、母親から「夜になるとIが興奮してなかなか寝てくれない。私も仕事で朝が早いので困っている。仕事中に集中できないこともあり、〆切に間に合わない。他の人に迷惑をかけてしまい、悩んでいる。家庭では、もうそれほど昼寝をしないので、園での昼寝もやめさせてもらえないか」と伝えられました。G先生は、園では給食時間を早め、

午睡も早めにとれるように体制を整えていること、そのことにより、Ｉさんは日中楽しく遊ぶことができていることを伝えましたが、母親が納得することはありませんでした。Ｇ先生は、「園で今後の対応について検討し、後日改めてお伝えします」と話しました。

その後、主任やクラス会議でも話し合いを行いました。園でのＩさんの様子から、午睡をやめるのはためらわれることが共有されました。

第２節　問題の性質を特定する

〈事例3〉では、園での午睡が必要と判断されたＩさんの様子から、子どものよりよい発達を目指すために、子どもの24時間を見通し、園でどのような方法が可能か話し合い、園全体の問題として検討を行いました。その結果、Ｉさんの心配な姿は次第になくなり、友だちと積極的に遊び込む様子が見られるようになりました。園の保育場面からすれば、何の問題もなく、むしろ推奨すべき取り組みともいえるでしょう。

しかし、家庭生活においては、Iさんが園でしっかり午睡をすることによって、夜なかなか就寝しなくなるという問題が生じるようになりました。保護者の子育てを支えるという観点からは、園での午睡を捉え直す必要があるとも考えられます。

職場の問題の分析と対処
第1部：問題の性質を見極める

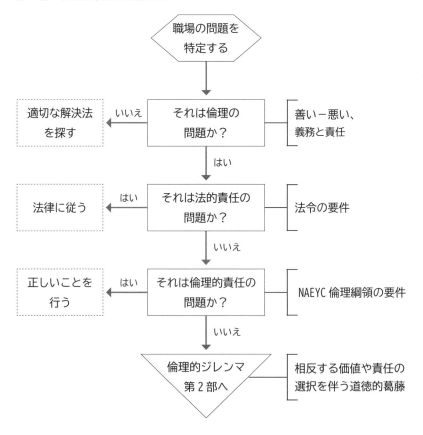

図6-1 問題の性質を見極めるためのフローチャート

出典：Feeney, S. & Freeman, N. K. (2018) *Ethics and the Early Childhood Educator: Using the NAEYC Code (Third Edition)*, NAEYC, p.21を翻訳

この事例においても、『NAEYC倫理綱領ガイドブック』[1]に示されるフローチャート（図6-1）を用いて、問題の性質を考えてみましょう。

まず、フローチャートの最初の問いは「それは倫理の問題か？」、つまり、善悪や義務と責任に関する問題であるか否かです。G先生が直面しているのは、子どもに対する義務や責任に関わることであり、「はい」に該当します。

次に、「それは法的責任の問題か？」という項目では、法令の要件に関わるか否かが問われています。後述のように、園での午睡は、『保育所保育指針解説』等に記載されるものですが、法的な拘束力を持つものではありません。よって「それは法的責任の問題か？」については「いいえ」に該当します。

では、「それは倫理的責任の問題か？」についてはどうでしょうか。全国保育士会倫理綱領では、「私たちは、子どもの育ちを支えます」「私たちは、保護者の子育てを支えます」といった前文が掲げられています。つまり、子どもの最善の利益を考え、子どもの発達保障に向けた取り組みが求められるとともに、保護者のおかれた状況や意向を受け止めつつ、保護者の子育てを支えることもまた、保育者には求められているのです。〈事例3〉においては、Iさんが園生活を楽しく過ごすために必要な午睡時間を確保することと、母親もまたよりよい子育て生活を送れるように、家庭の状況を踏まえて保育のあり方を再検討すること（ここでは、「午睡をさせないようにする」）の両方が正しいといえます。よって、この事例は、Iさんに対する倫理的責任と母親に対する倫理的責任がぶつかり合っている状況と捉えられ、倫理的ジレンマの状態にあると捉えることができます。

フローチャートで確認するなら、「それは倫理的責任の問題か？」については、単なる倫理的責任の問題とはいえず、2つ以上の倫理的責任がぶつかり合っていることから「いいえ」となります。つまり〈事例3〉は、相反する価値や責任の選択の間で葛藤する「倫理的ジレンマ」

実践編

に陥っているといえます。保育者には、次に、それぞれの倫理的責任がぶつかり合うジレンマを解消するためのプロセスが求められていきます。

第3節　保育者の倫理的責任を理解する

　では、〈事例3〉に関連する倫理的責任は、どのように考えられるのでしょうか。具体的に考えてみましょう。

1. 保育所保育指針、幼保連携型認定こども園教育・保育要領およびその解説から考える

　保育所保育指針や幼保連携型認定こども園教育・保育要領では、「子どもの発達過程等に応じて、適度な運動と休息を取ることができるようにする」「一人一人の子どもの生活のリズム、発達過程、保育時間などに応じて、活動内容のバランスや調和を図りながら、適切な食事や休息が取れるようにする」（保育所保育指針　第1章総則　2養護に関する基本的事項）など、園生活において適度な休息をとることができるように求めています（詳細はコラムを参照）。

　特に、食事や睡眠など、生理的欲求が十分に満たされず、心身の疲れがたまると、子どもは情緒が安定せず、不機嫌になり、活動への意欲が衰える姿も多くなるため、園では、適切な食事や休息がとれる体制を整えることが求められています。さらに、睡眠の発達には個人差があることが示され、園での午睡については、家庭での生活や就寝時間なども考慮して、柔軟に対応すべきことが示されています。3歳以上児の保育においては、午睡を必要とする子どもと必要としない子どもが混在する場合があり、午睡を一律に考えるのではなく、一人ひとりに合った園での生活リズムを形成していくことが重要であると記されています。

　では、保育所保育指針などの記述を踏まえたうえで、〈事例3〉を捉え直してみましょう。毎朝早くに登園し、あまり活動に集中できないI

さんの様子から、一人ひとりに合った生活リズムができるようにと園の保育体制の見直しを図った〈事例3〉は、ダイナミックな変革を伴い、評価に値するものと思われます。4月の3歳児クラスという状況からも、まだまだ午睡を必要とする子どもたちが多く、子どもの睡眠の発達と家庭での就寝時間を見越しての対策であったと捉えることができるでしょう。

　一方、保護者の立場からこの事例を捉えてみると、どのようなことがいえるでしょうか。保育所保育指針第4章、および、幼保連携型認定こども園教育・保育要領第4章にはともに、子育て（の）支援に関する章が設けられています。そこでは、園における子育ての支援は、子どもの利益を最優先して行うことを前提としながら、家庭と連携して子どもの育ちを支えていくこと、その際には、家庭の実態を踏まえつつ、保護者の気持ちを受け止め、保護者の自己決定を尊重することが求められています。〈事例3〉からは、日々、子育てと仕事を両立する母親を応援しようとするG先生の様子が読み取れます。しかし同時に、家庭の実態を踏まえることや保護者の自己決定を尊重することからすると、やはり母親の生活と就労を支えるためにも、保育の再考が求められるものとなります。G先生には、母親とIさんに対する相反する倫理的責任を天秤にかけてバランスをとる必要があるのです。

2．倫理綱領から考える

(1)「全国保育士会倫理綱領」から考える

　では、次に「全国保育士会倫理綱領」からこの問題を確認してみましょう。倫理綱領では、前文に3つの象徴的な文章が掲げられています。特に〈事例3〉では、そのうちの2つ（「私たちは、子どもの育ちを支えます」「私たちは、保護者の子育てを支えます」）が大きな意味を持ちます。〈事例3〉では、子どもの育ちを支えるための午睡が、保護者の子育て

を支えていないと考えられることが読み取れました。保育者として、保護者の子育てに重点を置けば、子どもにとってのよりよい保育にはなりえません。また子どもの育ちのためとして、これまでの保育の方法にこだわってしまうとすれば、保護者の生活や子育てを支え守ることにならないこともあるでしょう。そこにはやはり倫理的ジレンマが存在することとなります。

　一方、条文では、一人ひとりの子どもの最善の利益を第一に考えること（「1. 子どもの最善の利益の尊重」）や、子どもが心身ともに健康、安全で情緒の安定した生活ができる環境を整えること（「2. 子どもの発達保障」）が示されています。また、「6. 利用者の代弁」として、日々の保育を通して子どものニーズを受け止め、子どもの立場に立ってそれを代弁することも求められています。さらには、子どもと保護者のおかれた状況や意向を受け止め、保護者とよりよい協力関係を築くこと（「3. 保護者との協力」）が掲げられています。

　「全国保育士会倫理綱領」におけるこれらの内容を踏まえると、保育者には、保護者の状況を理解し、保護者とよりよい協力関係を築きながら、その関係を基盤として、ともに子どもの声にも耳を傾け、子どもにとって安定した生活とは何かを考え合い、それを具現化することが求められていることがわかります。

　では、こうした倫理的ジレンマを解決するために、実際にどのような方策が考えられるのでしょうか。

（2）NAEYC 倫理綱領から考える

　NAEYC 倫理綱領からこの問題を考えることも有益です。これについては、第2章第2節で午睡の事例をもとにした詳細な説明がなされていますので、そちらを参照してください。

第6章　保育における倫理的問題　③倫理的ジレンマ

全国保育士会倫理綱領（2003年策定）（一部抜粋）

　すべての子どもは、豊かな愛情のなかで心身ともに健やかに育てられ、自ら伸びていく無限の可能性を持っています。

　私たちは、子どもが現在（いま）を幸せに生活し、未来（あす）を生きる力を育てる保育の仕事に誇りと責任をもって、自らの人間性と専門性の向上に努め、一人ひとりの子どもを心から尊重し、次のことを行います。

　　・私たちは、子どもの育ちを支えます。
　　・私たちは、保護者の子育てを支えます。
　　・私たちは、子どもと子育てにやさしい社会をつくります。

1. 子どもの最善の利益の尊重
　私たちは、一人ひとりの子どもの最善の利益を第一に考え、保育を通してその福祉を積極的に増進するよう努めます。
2. 子どもの発達保障
　私たちは、養護と教育が一体となった保育を通して、一人ひとりの子どもが心身ともに健康、安全で情緒の安定した生活ができる環境を用意し、生きる喜びと力を育むことを基本として、その健やかな育ちを支えます。
3. 保護者との協力
　私たちは、子どもと保護者のおかれた状況や意向を受けとめ、保護者とより良い協力関係を築きながら、子どもの育ちや子育てを支えます。
4. プライバシーの保護
　私たちは、一人ひとりのプライバシーを保護するため、保育を通して知り得た個人の情報や秘密を守ります。
5. チームワークと自己評価
　私たちは、職場におけるチームワークや、関係する他の専門機関との連携を大切にします。
　また、自らの行う保育について、常に子どもの視点に立って自己評価を行い、保育の質の向上を図ります。
6. 利用者の代弁
　私たちは、日々の保育や子育て支援の活動を通して子どものニーズを受けとめ、子どもの立場に立ってそれを代弁します。
　また、子育てをしているすべての保護者のニーズを受けとめ、それを代弁していくことも重要な役割と考え、行動します。

105

実践編

3．子どもの権利条約から考える

　最後に、子どもの権利の視点から、〈事例3〉への対応について考えてみましょう。子どもの権利条約には4つの一般原則があることは、すでに第4章第3節で述べてきました。それらは「差別の禁止（第2条）」、「子どもの最善の利益（第3条）」、「生命への権利、生存・発達の確保（第6条）」、「子どもの意見の尊重（第12条）」というものでした。さらに、子ども特有の権利として「休息・余暇・遊び、文化的・芸術的生活への参加（第31条）」が示されています。

子どもの権利条約（一部抜粋）

第2条　差別の禁止
（第4章第3節参照）

第3条　子どもの最善の利益
（第4章第3節参照）

第6条　生命への権利、生存・発達の確保
（第4章第3節参照）

第12条　子どもの意見の尊重
（第4章第3節参照）

第31条　休息・余暇、遊び、文化的・芸術的生活への参加
　締約国は、子どもが、休息しかつ余暇をもつ権利、その年齢にふさわしい遊びおよびレクリエーション的活動を行う権利、ならびに文化的生活および芸術に自由に参加する権利を認める。
　締約国は、子どもが文化的および芸術的生活に十分に参加する権利を尊重しかつ促進し、ならびに、文化的、芸術的、レクリエーション的および余暇的活動のための適当かつ平等な機会の提供を奨励する。

これらの権利を踏まえると、〈事例3〉は次のように読み解くことができるでしょう。第1に、午睡を必要としているIさんに対し、園での午睡ができるようにしていくことは、子どもの休息を保障し（第31条）、子どもの発達の権利を確保することとなります（第6条）。その際、Iさん自身が家庭での就寝や園での午睡についてどのように感じ、どうしたいかなどを聞くことが望まれます（第12条）。まだ十分に自らの意見を伝えられない場合には、午睡に関する子どもの表情やしぐさ、あるいは泣くことや笑うことなどを大人が理解し、受け止めていくとよいでしょう。それらをもとにしながら、子どもにとっての最善を検討していくことが、ここでは求められていくものとなります（第3条）。

また、今後の対応を検討するにあたり、子どもが「午睡をする／しない」ということで子どもが差別されたり、どちらかの状況にある子どもに不利益が生じたりしないよう配慮する必要も忘れてはなりません（第2条）。

第4節　よりよい実践にむけて

〈事例3〉では、園での「午睡」を例に、子どもへの倫理的責任と保護者への倫理的責任がぶつかり合う倫理的ジレンマの問題について取り上げました。では、この事例をよりよいものにするためには、どのような方策が考えられるでしょうか。

第1に、必要な情報が漏れていないかを確認していく必要があります。G先生をはじめとした保育者が、クラス会議や関係者会議などの場でその状況に関する情報を持ち寄り、もう一度、Iさんの園での様子のみならず、Iさんの家庭での様子や家族関係、母親／父親の就労状況などを整理してみるとよいでしょう。例えば、家庭での就寝前の環境はどうでしょうか。「就寝前にIさんが興奮する」ということから、父親の帰宅時間と就寝時間が重なっているのかもしれません。あるいは夜遅くまで、明るい部屋で、テレビやスマホ、動画などを視聴していることも

考えられます。また、朝夕の送迎について、父親やその他の家族に依頼することは、本当にできないのでしょうか。母親自身が「私が頑張らなければ」と1人で抱え込んでいる可能性もあります。また、母親によれば、Iさんは「家庭では、もうそれほど昼寝をしない」とのことでしたが、具体的に休日のIさんは、どのように過ごし、どのように休息をとっているのでしょうか。その他にも、園からのお知らせとして、子どもの睡眠の発達やその重要性、午睡に関する園の方針とその意図など、保護者に適切に伝えることができていたのでしょうか。そうした様々な情報を、子ども、家庭、園といった側面から整理してみましょう。

　次に、それらの情報に対して考えられる解決方法を書き出してみましょう。解決方法を考える際には、その方法を採用することによって誰が影響を受けるかもあわせて考えていきます。そのうえで、関係者全員が満足する問題解決の方法はないか検討していくことが求められます。

　例えば〈事例3〉では、まず日々の保育実践の前提として、保護者を視野に入れた園全体の啓発活動が考えられます。子どもの睡眠の発達と午睡の関係、園における午睡の方針とその意図、午睡の必要な子ども／必要としない子ども、それぞれに対する保育の展開などについて伝えていくこともあるでしょう。日常的な周知から、午睡に関する保護者の理解を得ておくことが重要となります。

　また、Iさんの言葉の発達に応じて、Iさんに園での午睡に関連する気持ちや意見を尋ねることも考えられます。「朝はすぐに疲れてしまう」「昼寝をしたらたくさん遊べる」など、Iさん本人が現在、午睡をどのように感じ、受け止めているかを確認し、「昼寝が必要でないと思った時は、いつでも先生に伝えてね」など、本人のニーズに添って対応が可能であることを本人に伝えておくこともあるでしょう。また保育者による観察とあわせて、こうした本人からの意見や様子を母親に伝え、ともに今後の対応を検討することも考えられます。

　さらに、家庭の状況に対する丁寧な聞き取りから、就寝時間になると

興奮する理由が、園での午睡ではなく家庭の事情にあることがわかる場合もあります。就寝前の室内の環境を見直す、絵本の読み聞かせなど睡眠前の習慣を取り入れる、Ｉさんの就寝時間に重ならないよう他の家族には早めに帰宅してもらうなどを伝えることもできます。また、他の家族や近所にＩさん親子の子育てを助けてくれそうな人がいるのであれば、積極的に援助してもらうことを提案してもよいでしょう。

　園では、園生活のグループ分けをするのみならず、午睡を必要とする子どもと必要としない子どもが混在することを前提に、保育体制を構築していくことも考えられます。例えば、午睡の時間は年齢やクラスの枠を取り払い、午睡の部屋と活動する部屋を別々に設けることもあるでしょう。また、保護者の希望や子どもの心身の健康の状況から、午睡の時間を短くする、午睡から起きて遊ぶ環境を設ける、年上のクラスで静かに過ごさせるなど、午睡をする生活から活動する生活に子ども自身がスムーズに移行できるような環境の構成や体制づくりも有効であると思われます。　そのことにより午睡に関わる個人差に柔軟に対応することができ、保育者自身、こうした倫理的ジレンマから距離をおくことができるかもしれません。

　〈事例3〉においては、上記のような具体的な実践が行動方針として考えられました。これまでの方針を変更したり、新たな対応策を展開したりする場合には、その決定内容を園内で共有することはもちろんのこと、保護者に対しても誠実に説明し、話しやすい雰囲気を維持していくことが重要となります。そして、実際にその行動方針が実践された後には、その結果を園で評価し、さらには保護者にもその内容を伝え、今後の見通しについて共有していくとよいでしょう。

実践編

コラム　午睡について

　保育所保育指針および幼保連携型認定こども園教育・保育要領とその
解説においては、休息と午睡に関する記述があります（表6-1）。その前
提として、子どもの発達を踏まえること、生活全体を見通すこと、家庭
との協力を図ることなどが考えられます。また、午睡については一律と
ならないよう配慮することが示され、発達過程に合わせて、子ども一人
ひとりが自分で生活のリズムを整えていけるようにしていくことが望ま
しいとされています。よりよい実践に向けて、園ではどのような保育や
体制づくりが可能となるか考えてみましょう。

表6-1　保育所保育指針および解説における休息および午睡、
子育て支援に関する項目

保育所保育指針（2017年度版）

第1章　総則
2　養護に関する基本的事項
（2）養護に関わるねらい及び内容
ア　生命の保持
（ア）ねらい
③　一人一人の子どもの生理的欲求が、十分に満たされるようにする。
（イ）内容
④　子どもの発達過程等に応じて、適度な運動と休息を取ることができるように
する。また、食事、排泄、衣類の着脱、身の回りを清潔にすることなどについ
て、子どもが意欲的に生活できるよう適切に援助する。

イ　情緒の安定
（ア）ねらい
④　一人一人の子どもがくつろいで共に過ごし、心身の疲れが癒されるようにす
る。

110

第6章　保育における倫理的問題　③倫理的ジレンマ

（イ）内容
④　一人一人の子どもの生活のリズム、発達過程、保育時間などに応じて、活動
内容のバランスや調和を図りながら、適切な食事や休息が取れるようにする。

『保育所保育指針解説』（2018年度版））--------------------------------
　保育所で長時間過ごす子どもは、就寝時刻が遅くなりがちになることがあ
る。一人一人の子どもが、乳幼児期の子どもにふさわしい生活のリズムの中
で、心身の健やかな発育・発達を支える上で必要となる食事や適度な休息をと
る観点から、保育士等は子どもの生活全体を見通し、家庭と協力しながら心身
の状態に応じて適切に援助していくことが大切である。
　保育所では、いつでも安心して休息できる雰囲気やスペースを確保し、静か
で心地よい環境の下で、子どもが心身の疲れを癒すことができるようにする。
また、午睡は、子どもの年齢や発達過程、家庭での生活、保育時間といったこ
とを考慮し、それぞれの子どもが必要に応じて取るようにすることが大切であ
る。子どもの家庭での就寝時刻に配慮して、午睡の時間や時間帯を工夫し、柔
軟に対応する。
　一日の生活全体の流れを見通し、発散・集中・リラックスなど、静と動の活
動のバランスや調和を図る中で、一人一人の子どもが適切に食事や休息を取れ
るようにすることが重要である。

3　保育の計画及び評価
（2）指導計画の作成
オ　午睡は生活のリズムを構成する重要な要素であり、安心して眠ることのでき
る安全な睡眠環境を確保するとともに、在園時間が異なることや、睡眠時間は
子どもの発達の状況や個人によって差があることから、一律とならないよう配
慮すること。

『保育所保育指針解説』（2018年度版））--------------------------------
　午睡は、体力を回復したり、脳を休ませたりするものであり、乳幼児期の発
達過程や一日の活動において必要なことである。しかし、睡眠の発達には個人
差があるため、3歳以上児においては、保育時間によって午睡を必要とする子
どもと必要としない子どもが混在する場合もある。そのため、どちらの子ども
にとっても、午睡の時間に安心して眠ったり、活動したりできるように配慮す
る必要がある。午睡を必要とする子どもには、落ち着いた環境の下で眠ること

111

実践編

ができる場を確保する。同様に、午睡をしない子どもにとっても、伸び伸びと遊ぶことができる充実した環境や体制を整えておくことが求められる。

また、普段は午睡を必要としない子どもであっても、午前中の活動などで疲れが見られる場合や、体調が良くない場合には、子どもの状態に応じて、午睡をしたり静かに体を休めたりすることができるように配慮する。

さらに、5歳頃の子どもについては、就学後の生活も見通し一日の生活のリズムを形成していく観点から、保護者と連携をとりつつ、一年間の流れのなかで子どもの心身の健康の状況と併せて考えながら、徐々に午睡のない生活に慣れていくようにすることが大切である。

子ども一人一人の成長に合わせて、その日の体調なども考慮した上で、保護者とも相談しながら、午睡を一律にさせるのではなく、発達過程に合わせて、子ども一人一人が自分で生活のリズムを整えていけるようにしていくことが望ましい。

※備考：着目したい箇所に、筆者下線。
※本テーマに関連する保育所保育指針における記述の後に、解説における該当部分を併記した。

表6-2　幼保連携型認定こども園教育・保育要領および解説における
休息および午睡、子育て支援に関する項目

幼保連携型認定こども園教育・保育要領（2017年版）

第1章　総則
第3 幼保連携型認定こども園として特に配慮すべき事項
4（4）午睡は生活のリズムを構成する重要な要素であり、安心して眠ることのできる安全な午睡環境を確保するとともに、在園時間が異なることや、睡眠時間は園児の発達の状況や個人によって差があることから、一律とならないよう配慮すること。

（『幼保連携型認定こども園教育・保育要領解説』（2018年版））
　午睡は、自然と眠くなる昼間に眠り体力を回復したり、脳を休ませたりするものであり、乳幼児期の発達の段階や一日の活動の程度等において必要なことである。在園時間が相対的に長くなる保育を必要とする子どもに該当するおお

むね4歳までの園児にとっては、午睡のある生活のリズムが望ましい。

そのため、満3歳以降の在園時間の異なる園児が共に生活する幼保連携型認定こども園においては、午睡を必要とする園児と必要としない園児が混在することになる。そのため、どちらの園児にとっても、安心して眠ったり、活動したりできるように配慮する必要がある。

午睡を必要とする園児には、落ち着いた環境の下で眠ることができる場を確保することが必要である。午睡をしない他の園児の声が気になってよく眠ることができないこと等にも配慮して、園全体の間取りや位置関係も視野に入れ、午睡をする園児がいる時間の環境について全職員で検討する必要がある。例えば、4歳の園児の保育室が2学級ある場合、午睡の時間は2学級を混合にして、片方の保育室を午睡の部屋として、もう一方を活動する園児の過ごす部屋として使う場合がある。しかし、隣に位置する保育室であると友達の声が聞こえて眠りにつけない園児が多い場合があり、多目的室など、園内の別の場所を一時的に午睡に適した環境に整え、活用するなどの工夫も必要である。

同様に午睡をしない園児の活動の場にも配慮する必要がある。午睡をしている園児が起きないように、ただ静かにさせるのでなく、この園児にとっても伸び伸び遊ぶことができる充実した環境や体制を整えておくことが求められる。保育を必要とする子どもに該当する園児であっても、保護者の希望や園児の心身の健康の状況に配慮して、午睡の時間を短くしたり、起きて遊ぶ環境にも配慮したりして、園児一人一人に合った園での生活のリズムを形成していくことが重要である。例えば、4歳の園児の遊ぶ場の環境構成として、静かに体を休めながら遊ぶことのできるように、低いテーブルや敷物を置き、適度な高さの間仕切りやカーテン等を設定してスペースをつくるなど、午睡をする生活から活動する生活へと円滑に移行できるような環境の構成を工夫していくことも大切である。

（略）

夜間の睡眠との関係や園児一人一人の成長や発達の状況、在園時間等の状況をよく見極めて、家庭と連携を密に取りながら園での対応を柔軟にしていくことが重要である。

5（1）園児一人一人が、快適にかつ健康で安全に過ごせるようにするとともに、その生理的欲求が十分に満たされ、健康増進が積極的に図られるようにするため、次の事項に留意すること。

エ　園児の発達の過程等に応じて、適度な運動と休息をとることができるように

実践編

すること。また、食事、排泄、睡眠、衣類の着脱、身の回りを清潔にすること
などについて、園児が意欲的に生活できるよう適切に援助すること。

（『幼保連携型認定こども園教育・保育要領解説』（2018年版））

園児は、睡眠や食事が不十分で、心身の疲れがたまると、情緒が安定せず、
不機嫌になり、活動への意欲が衰えるものである。保育教諭等は園児一人一人
の心身の状態に応じてきめ細やかに対応していくことが大切である。

いつでも安心して休息できる雰囲気やスペースを確保し、静かで心地よい環
境の下で、園児が心身の疲れを癒やすことができるようにしていくことが大切
である。また、午睡は、園児の年齢や発達の過程、家庭での生活や教育及び保
育の時間などを考慮して、必要に応じてとることが大切である。園児の家庭で
の就寝時刻に配慮し、午睡の時間や時間帯を工夫し、柔軟に対応することが大
切である。

（2）園児一人一人が安定感をもって過ごし、自分の気持ちを安心して表すこと
ができるようにするとともに、周囲から主体として受け止められ主体として育
ち、自分を肯定する気持ちが育まれていくようにし、くつろいで共に過ごし、
心身の疲れが癒やされるようにするため、次の事項に留意すること。
エ 園児一人一人の生活のリズム、発達の過程、在園時間などに応じて、活動内
容のバランスや調和を図りながら、適切な食事や休息がとれるようにすること。

（『幼保連携型認定こども園教育・保育要領解説』（2018年版））

幼保連携型認定こども園で長時間過ごす園児の生活は、夜型になりやすく、
就寝時刻も遅くなりがちである。また、園児は保護者の就労状況や家庭での食
生活などの影響を受けるものである。乳幼児期の園児にふさわしい生活のリズ
ムや、その心身の成長を支える食事や適度な休息は重要であり、保育教諭等は
園児の生活を見通して、家庭と協力しながら適切に援助していくことが大切で
ある。

園児は、睡眠や食事が不十分で、心身の疲れがたまると、情緒が安定せず、
不機嫌になり、活動への意欲が衰えるものである。保育教諭等は園児一人一人
の心身の状態に応じてきめ細やかに対応していくことが大切である。
（略）また、午睡は、園児の年齢や発達の過程、家庭での生活や教育及び保育の
時間などを考慮して、必要に応じてとることが大切である。園児の家庭での就
寝時刻に配慮し、午睡の時間や時間帯を工夫し、柔軟に対応することが大切で
ある。

さらに、園児の生活時間全体に留意しながら一日の生活の流れを見通し、発散、集中、リラックスなど、静と動の活動のバランスや調和を図ることが大切である。

※備考：着目したい箇所に、筆者下線。
※本テーマに関連する幼保連携型認定こども園教育・保育要領における記述の後に、解説における該当部分を併記した。

注・引用文献

1)　Feeney, S. & Freeman, N. K. (2018) *Ethics and the Early Childhood Educator: Using the NAEYC Code (Third Edition)*, NAEYC

参考文献

永井憲一・寺脇隆夫・喜多明人他編著（2000）『新解説　子どもの権利条約』日本評論社
鶴宏史（2015）「保育者の倫理」『保育者論　第2版』中央法規出版、pp.13-24.
山本由美（2006）「子どもの権利委員クラップマンさんを迎えて」『子どもの権利条約から保育の民間委託を考える』東京自治問題研究所、pp.10-11.

第7章
保育における「困り感」

亀﨑 美沙子

第1節　保育の難しさ

　まず、〈事例4〉を読み、クラス担任の保育者が直面している問題について考えてみましょう。

〈事例4〉危険を伴う行動への対応

　Ｊこども園に在籍するＫさん（4歳）は、頻繁に他児にかみついたり、叩いたり、他児を突き飛ばしたりする姿が見られます。また、園外散歩の場面では、たびたび保育者の手を振りほどき、道路に飛び出してしまいます。このクラスは、Ｌ先生、Ｍ先生の2名で担当していますが、このようなＫさんへの対応に、Ｌ先生は悩んでいます。

　一方で、Ｋさんは手先が器用で、廃材を使って様々な作品をつくることや、絵を描くことが得意です。また、いつも明るく、率先して様々な活動に参加する姿もあり、他児からアイデアを求められたり、作品の作り方を尋ねられたりと、遊びの場面では頼られることも多くあります。そこでＬ先生は、このようなＫさんの強みを引き出しながら、周囲の子どもから認められるような経験を増やしていきたいと考えています。

Kさんは園バスを利用しており、L先生が保護者に会えるのは、月に数回、L先生がバスに乗車する時のみです。そのため、Kさん自身に怪我があった時や、他児に怪我をさせてしまった時には、電話でお詫びを伝えるとともに、Kさん自身が園生活のなかで戸惑っている様子や、衝動的に行動してしまう場面、園での支援体制等について詳細に伝えています。あわせて、家庭でのKさんの様子も尋ね、園と家庭の様子を保護者と共有しています。

　Kさんの保護者は、子育てに対する様々な負担感を抱えていることから、L先生はその思いに丁寧に耳を傾け、受け止めるようにしています。また、保護者は日頃から、Kさんについて「言うことを聞かない」「わがまま」「じっとしていられない」「困らせることばかりする」と話しており、Kさんのネガティブな側面に焦点化していることが感じられます。そこでL先生は、できる限りKさんの良さを伝えたいとの思いから、Kさんの得意なことや頑張っていること、成長が感じられる姿をできるだけ多く伝えるように努めています。また、Kさん自身が園生活をどのように感じているのか、保護者は園でどのように過ごしてほしいと願っているのかを確認し、保育の手がかりとなる情報を得るようにしています。

　L先生はクラス運営において、日々、M先生とミーティングを行いながら、Kさんへのよりよい対応を模索しつつ、この状況をクラスミーティングや職員会議で報告し、園全体でKさんへの見守りと安全対策を行うことを確認しました。また、保護者の承諾を得たうえで、心理職の巡回相談も利用し、専門家からKさんへの対応に関する助言を得ながら、保育を行っています。

　さらにL先生は、「Kさんのこのような行動には、何か理由があるはず」と思いながらも、Kさんの行動に対して苛立ちを感じてしまうことから、自身の感情をコントロールするために、個人的な学習としてアンガーマネジメントの書籍を購入し、怒りへの対処法に関する学習に取り

組んでいます。

第2節　問題の性質を特定する

　〈事例4〉では、Kさんの危険を伴う行動に対して、担任のL先生は困難を感じています。

　では、この事例においてL先生が直面しているのは、「法的責任の問題」「倫理的責任の問題」「倫理的ジレンマ」のいずれに該当すると考えられるでしょうか？　この問題の性質を特定するために、『NAEYC倫理綱領ガイドブック』[1]に示されるフローチャート（図7-1）を使って、考えてみましょう。

　まず、「それは倫理の問題か？」という最初の問いは、この事例が善悪や義務と責任に関する問題であるか否かを尋ねています。L先生が直面しているのは、善悪や義務、責任に関わる問題というよりも、L先生が実践において感じている実践上の難しさであることから、問いに対す

る回答は「いいえ」に該当します。つまり、この問題は「法的責任の問題」「倫理的責任の問題」「倫理的ジレンマ」のいずれにも該当しないことから、保育者の「困り感」であると考えられます。

職場の問題の分析と対処
第1部：問題の性質を見極める

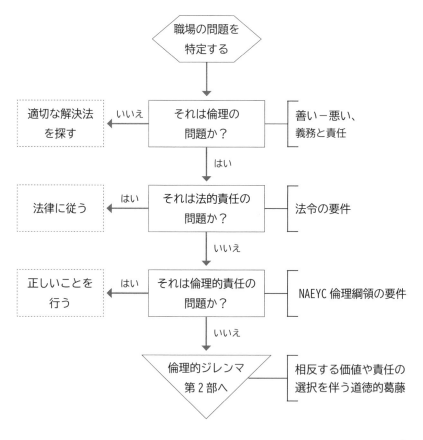

図7-1 問題の性質を見極めるためのフローチャート

出典：Feeney, S. & Freeman, N. K. (2018) *Ethics and the Early Childhood Educator: Using the NAEYC Code (Third Edition)*, NAEYC, p.21 を翻訳

第7章　保育における「困り感」

　このように、保育者が実践において様々な悩みや葛藤、困難に直面した場合には、まずはその問題が倫理的な課題であるのか、それとは異なるものであるのかを判別し、問題の性質を明らかにすることから始めます。

第3節　保育者の倫理的責任を理解する

　〈事例4〉は保育者の「困り感」であり、倫理的な課題とは異なるものでした。それでは、この実践は専門職倫理の視点から見ると、どのように評価することができるでしょうか。倫理綱領をもとに、実践の妥当性について考えてみましょう。

1.「全国保育士会倫理綱領」から考える

　まず、「全国保育士会倫理綱領」を参照してみましょう。〈事例4〉のL先生は、Kさんや他児の安全を確保するための対応を図りつつ、Kさんの良さを引き出し、周囲から認められる経験を保障しようとしています。これらの対応は、全国保育士会倫理綱領に示される「1. 子どもの最善の利益の尊重」（保育を通して子どもの福祉を積極的に増進すること）や「2. 子どもの発達保障」（子どもが心身ともに健康、安全で情緒の安定した生活ができる環境を整え、健やかな育ちを支えること）に合致します。

　また、L先生はともにクラスを担任するM先生だけでなく、園全体で情報を共有しながら対応策を検討しています。さらに、巡回相談を利用し、Kさんのニーズを探りながら、よりよい保育を模索していることが読み取れます。これらは、「6. 利用者の代弁」（子どものニーズの把握と代弁）、「5. チームワークと自己評価」（職場におけるチームワークや専門機関との連携、子どもの視点からの自己評価と改善）に該当します。

　L先生の保護者へのかかわりにおいては、その思いを丁寧に聞き取りながら、ともにKさんの育ちを支えていこうとする姿勢が見られます。これらは、「6. 利用者の代弁」（保護者のニーズの受け止めと代弁）、「3. 保

121

実践編

護者との協力」（子どもと保護者のおかれた状況・意向の受け止め、保護者との
協力関係の構築）に合致します。

　L先生はさらに、Kさんへの対応において自らの感情を適切にコント
ロールするために、自主的にアンガーマネジメントについて学び始めま
した。このような姿勢は、「8. 専門職としての責務」（研修や自己研鑽を
通した専門性の向上）に該当します。

　以上のように、〈事例4〉を全国保育士会倫理綱領に照らし合わせて
考えてみると、L先生の「困り感」は、保育において様々な課題が生じ
ているものの、その対応が専門職倫理に抵触するものではないことが確
認できます。

全国保育士会倫理綱領

　すべての子どもは、豊かな愛情のなかで心身ともに健やかに育てられ、自
ら伸びていく無限の可能性を持っています。
　私たちは、子どもが現在（いま）を幸せに生活し、未来（あす）を生きる力
を育てる保育の仕事に誇りと責任をもって、自らの人間性と専門性の向上に
努め、一人ひとりの子どもを心から尊重し、次のことを行います。

　　・私たちは、子どもの育ちを支えます。
　　・私たちは、保護者の子育てを支えます。
　　・私たちは、子どもと子育てにやさしい社会をつくります。

1．子どもの最善の利益の尊重
　私たちは、一人ひとりの子どもの最善の利益を第一に考え、保育を通して
その福祉を積極的に増進するよう努めます。
2．子どもの発達保障
　私たちは、養護と教育が一体となった保育を通して、一人ひとりの子ども
が心身ともに健康、安全で情緒の安定した生活ができる環境を用意し、生き
る喜びと力を育むことを基本として、その健やかな育ちを支えます。
3．保護者との協力
　私たちは、子どもと保護者のおかれた状況や意向を受けとめ、保護者とよ

り良い協力関係を築きながら、子どもの育ちや子育てを支えます。

4．プライバシーの保護

　私たちは、一人ひとりのプライバシーを保護するため、保育を通して知り得た個人の情報や秘密を守ります。

5．チームワークと自己評価

　私たちは、職場におけるチームワークや、関係する他の専門機関との連携を大切にします。

　また、自らの行う保育について、常に子どもの視点に立って自己評価を行い、保育の質の向上を図ります。

6．利用者の代弁

　私たちは、日々の保育や子育て支援の活動を通して子どものニーズを受けとめ、子どもの立場に立ってそれを代弁します。

　また、子育てをしているすべての保護者のニーズを受けとめ、それを代弁していくことも重要な役割と考え、行動します。

7．地域の子育て支援

　私たちは、地域の人々や関係機関とともに子育てを支援し、そのネットワークにより、地域で子どもを育てる環境づくりに努めます。

8．専門職としての責務

　私たちは、研修や自己研鑽を通して、常に自らの人間性と専門性の向上に努め、専門職としての責務を果たします。

2．NAEYC倫理綱領から考える

　次に、NAEYC倫理綱領をもとに、〈事例4〉について考えてみましょう。

（1）子どもに対する倫理的責任

　まず、「セクションⅠ：子どもに対する倫理的責任」を参照してみると、〈事例4〉に関係するものとして、表7-1のような内容が挙げられます。「原理」では、保育や関連領域に関する知識に精通することや（I-1.1～I-1.2）、子どもの脆弱さや大人への依存性に配慮すること（I-1.4）、一人ひとりの子どもの能力や可能性を尊重しつつ諸側面の発達を促し、

実践編

表 7-1 〈事例 4〉に関係する「子どもに対する倫理的責任」

セクション I ：子どもに対する倫理的責任

〈原理〉

I-1.1　保育に関する知識基盤に精通し、そして継続的な教育と研修を通して新しい情報をいつも入手すること。

I-1.2　一人ひとりの子どもに関する特定の知識だけでなく、乳幼児保育領域、子どもの発達領域、および関連する学問領域の最新の知識と研究をプログラム実践の基礎におくこと。

I-1.3　子ども一人ひとりのユニークな特性、能力、可能性を認識し、尊重すること。

I-1.4　子どもたちの脆弱さと、大人への依存性を認めること。

I-1.5　子どもたちの社会的、情緒的、認知的、身体的な発達を促し、子どもたちの尊厳と貢献を尊重する、安全で健康的な環境をつくり、維持すること。

I-1.9　特別なニーズをもつ子どもたちを含むすべての子どもたちが、よりよい発達のために必要な支援サービスにアクセスすることを擁護し、確実なものとすること。

〈原則〉

P-1.1　何よりもまず、我々は子どもたちを傷つけてはならない。我々は、子どもたちに情緒的に害を与え、身体的に傷つけ、軽視するような、自尊心を傷つけるような、危険で、搾取するような、脅すような実践に参加してはならない。この原則は、倫理綱領の他の原則よりも優先される。

P-1.2　我々は、認知的側面を刺激するような、一人ひとりの子どもの文化、言語、民族、そして家族構成を支えるような、情緒的にも、社会的にも、好ましい環境で保育を行う。

P-1.3　我々は、子どもたちの性別、人種、国籍、滞在（在留）資格、家庭で使用される言語、宗教的信条、健康状態、障害、あるいは結婚状況／家族構成、性的指向、もしくは家族の宗教的信条、その他の家族にかかわることを根拠に利益を否定したり、特別扱いしたり、あるいは子どもたちを園や活動から排除することによって、子どもたちを差別する実践に参加してはならない（この原則は、法的な権限に基づいて特定の子どもたちにサービスを提供している園には適用されない）。

P-1.4　我々は、子どもに関する決定には、関連する知識を持つ人々（家族やスタッフなど）を含めるために、情報の伝達を相互に行う。その際、必要に応じて、慎重に取り扱うべき情報の秘密保持に努める（P-2.4 も参照とする）。

第 7 章　保育における「困り感」

安全で健康的な環境をつくること（I-1.3／I-1.5）等が挙げられます。また、特別なニーズをもつ子どもが、必要に応じて、他の支援サービスを利用できるようにすることも、この事例に関係すると考えられます（I-1.9）。

　これらの「原理」から導かれる「原則」として、〈事例4〉に関係する内容は以下の通りです。まず、P-1.1では子どもたちを傷つけてはならないとされており、この原則が何よりも優先されることが明記されています。そのうえで、〈事例4〉では、情緒的・社会的に好ましい環境で保育を行うこと（P-1.2）、いかなる差別も行ってはならないこと（P-1.3）、子どもに関する情報伝達の際には秘密保持に努めること（P-1.4）等が関係すると考えられます。

　〈事例4〉では、怪我や事故の発生予防のために、クラス担任のL先生やM先生だけでなく、園全体で対応を図っています。また、Kさんのよい面を引き出しながら、他児から認められる経験を保障しようとしています。このような姿勢は、I-1.3～I-1.5やP-1.1～P-1.2に合致します。さらに、L先生が心理専門家の助言を得ながら、Kさんがクラスの一員として保育に参加できるように配慮している点は、I-1.9やP-1.3～P-1.4に合致すると考えられます。これらに加えて、L先生は自主的にアンガーマネジメントについて学んでいます。このような自己研鑽は、I-1.1～I-1.2に該当すると考えられます。

　以上の通り、L先生は保育において「困り感」を抱えながらも、子どもたちに対する様々な倫理的責任を果たしていることが確認できます。

（2）家族に対する倫理的責任

　次に、「セクションⅡ：家族に対する倫理的責任」を参照してみると、〈事例4〉に関係するものとして、表7-2の内容が挙げられます。〈事例4〉に関連する「原理」として、家族とのパートナーシップ（I-2.2）や家族の決定権の尊重（I-2.6）、子どもに関する情報共有と子ども理

解の促進、養育力向上のための子育て支援（I-2.4、I-2.7〜 I-2.8）などが挙げられます。また、「原理」から導かれる「原則」として、社会資源の紹介（P-2.15）が挙げられます。

表 7-2 〈事例 4〉に関係する「家族に対する倫理的責任」

セクションⅡ：家族に対する倫理的責任

〈原理〉

I-2.2　相互の信頼関係を発展させ、我々がサービスを提供する家族とのパートナーシップを築くこと。

I-2.4　家族の話に耳を傾け、家族の強さや能力を認め、またそれらを強化し、家族から学びながら子育てを支援していくこと。

I-2.6　家族の子育てに関する価値観と、彼らの子どもに対する決定権を認めること。

I-2.7　一人ひとりの子どもの教育と発達に関する情報を家族と共有し、そして、家族が保育専門職の最新の知識基盤を理解し、正しく認識するのを手助けすること。

I-2.8　職員が家族とのコミュニケーションを通じて一人ひとりの子どもの理解を深めるのと同様に、家族成員が自分の子どもたちについて理解を深められるように手助けし、彼らが親としてのスキルを継続して向上させるように支援すること。

〈原則〉

P-2.15　我々は、地域資源や専門的な支援サービスに精通し、適切にそれらを家族に紹介する。その後、サービスの適切な提供を確実にするためにフォローアップを行う。

　〈事例 4〉では、保護者との対話の機会が少ないなかで、L 先生は頻繁に電話で保護者と連絡をとりながら、園での様子を報告しています。それだけでなく、家庭での K さんの様子を尋ねたり、K さんの良さを伝えたりしています。また、保護者の思いに耳を傾け、受け止めるよう努めています。このような L 先生の対応は、I-2.2 や I-2.4、I-2.7 〜

第 7 章　保育における「困り感」

I-2.8 に該当すると考えられます。さらに、巡回相談について保護者の意向を確かめ、承諾を得たうえでこれを利用しています。このような対応は、I-2.6 や P-2.15 に合致すると考えられます。

　以上の通り、NAEYC 倫理綱領に照らし合わせてみると、〈事例 4〉における L 先生の対応は、子どもに対しても、保護者に対しても、保育者の倫理的な責任に抵触するものではないことが確認できます。

第 4 節　よりよい実践にむけて

　最後に、よりよい実践に向けて、保育所保育指針や幼保連携型認定こども園教育・保育要領をもとに、保育と子育て支援の両面から今後の実践の方向性について考えてみましょう。

1. 保育の視点から

　まず、保育における事故防止や安全対策に焦点を当てて、〈事例 4〉について考えてみましょう。

　この事例では、K さんが他児に怪我をさせてしまうおそれや、K さん自身の怪我や事故につながるリスクがあると考えられます。保育所保育指針や幼保連携型認定こども園教育・保育要領には、事故防止・安全対策のための取り組みとして、①施設内外の安全点検、②園全体での安全対策に関する共通理解と体制づくり、③子どもへの安全指導等が示されています（表 7-3）。

　「①施設内外の安全点検」として、〈事例 4〉では、飛び出し防止のために玄関や門扉の施錠を確実にすることや、散歩のルートは交通量の少ない道を選択すること、交通量の少ない立地にある公園を利用すること等の対策が考えられます。また、事故が発生しそうになったエピソードは、ヒヤリ・ハット事例として蓄積し、園全体で確実に対策を講じることも大切です。

127

実践編

「②園全体での安全対策に関する共通理解と体制づくり」として、〈事例4〉では、園全体で情報を共有し、安全対策のための組織的な対応に取り組んでいます。『保育所保育指針解説』においても、「職員間の連携を密にして子どもたちの観察の空白時間が生じないようにする」ことが求められており[2]、子どもの安全対策における職員間のチームワークの重要性が読み取れます。

「③子どもへの安全指導」の例を表7-4に示します。〈事例4〉は4歳児のクラスであることから、子どもたちに一方的にルールを伝えるのではなく、子どもたち自身がルールの必要性に気づいたり、自ら事故防止や安全対策のために何をすべきかを自分たちなりに考えたりできるようにすることが大切です。

さらに、子どもが、家庭生活においても安全な生活習慣を身につけることができるようにするためには、安全指導の内容を保護者と共有し、連携を図ることも大切です。

表7-3 保育所保育指針および幼保連携型認定こども園教育・保育要領における事故防止・安全対策

保育所保育指針（2017年版）	幼保連携型認定こども園教育・保育要領（2017年版）
第3章　健康及び安全 3　環境及び衛生管理並びに安全管理 （2）事故防止及び安全対策 ア　保育中の事故防止のために、子どもの心身の状態等を踏まえつつ、施設内外の安全点検に努め、安全対策のために全職員の共通理解や体制づくりを図るとともに、家庭や地域の関係機関の協力の下に安全指導を行うこと。	第3章　健康及び安全 第3　環境及び衛生管理並びに安全管理 2　事故防止及び安全対策 （1）　在園時の事故防止のために、園児の心身の状態等を踏まえつつ、認定こども園法第27条において準用する学校保健安全法第27条の学校安全計画の策定等を通じ、全職員の共通理解や体制づくりを図るとともに、家庭や地域の関係機関の協力の下に安全指導を行うこと。

128

第7章　保育における「困り感」

表7-4　子どもへの安全指導の例

〈子どもに対する安全指導〉
・園庭、プール、固定遊具等、事故が起こりうる場所や場面について、遊び方や留意事項を伝える
・生活上のルール（保育室内から飛び出さない、廊下は走らないなど）を確認する
・戸外活動を行う際には、道路の歩き方、道の渡り方、目的地（地域の公園など）での遊び方を確認する
・ヒヤリ・ハット事例や事故の発生時には、子どもたちとその予防策を考える

2．子育て支援の視点から

　次に、子育て支援の視点から考えてみましょう。保育者には、法律上の職務の1つとして、子育て支援（幼保連携型認定こども園では、子育ての支援）が規定されています。保育所保育指針や幼保連携型認定こども園教育・保育要領の内容のうち、〈事例4〉では、表7-5に示すような内容が大きく関係していると考えられます。

　これらを概観すると、まず、子育て支援の基本的事項として、①受容・信頼関係の構築・自己決定の尊重を行うこと、②保育の専門性や園の特性を生かした支援を行うこと、③保護者が子どもの育ちや喜びを感じられるようにすること等が示されています。また、その具体的な内容として、④保護者と子どもに関する情報を共有したり、保育の意図を伝えたりしながら相互理解を図ること、⑤子どもの発達上の課題や育児不安等について保護者に個別の支援を行うこと等が挙げられます。

　〈事例4〉のL先生は、「①受容・信頼関係の構築・自己決定の尊重を行うこと」「③保護者が子どもの育ちや喜びを感じられるようにすること」「④保護者と子どもに関する情報を共有したり、保育の意図を伝えたりしながら相互理解を図ること」等に、意識的に取り組んでいること

がうかがえます。そこで、よりよい実践に向けて新たに取り組めることとして、「②保育の専門性や園の特性を生かした支援を行うこと」や「⑤子どもの発達上の課題や育児不安等について保護者に個別の支援を行うこと」が挙げられます。

　では、「②保育の専門性や園の特性を生かした支援を行うこと」として考えられる取り組みとして、どのようなことが考えられるでしょうか？　例えば、保育参加の機会を活用して、Kさんの遊びの姿を見てもらったり、遊びに参加してもらったりすることもできるでしょう。園には保育実践があり、保育者のKさんへのかかわりや、Kさんの力が発揮されるような保育環境は、子育てのモデルとなると考えられます。あるいは、Kさんの生き生きと遊ぶ姿や、他児とのかかわりの場面を写真として記録し、そこにKさんの学びや育ちに関する解説を加えてドキュメンテーションを作成することもできるでしょう。このような記録は、保育の専門性に基づいて作成されるものです。したがって、これを保護者と共有することは、保育の専門性を生かした子育て支援につながるものと考えられます。

　最後に、「⑤子どもの発達上の課題や育児不安等について保護者に個別の支援を行うこと」について、具体的な方法を考えてみましょう。Kさんの保護者は、子育てに負担を感じている様子がうかがえます。Kさんは園バスを利用しているため、日々の送迎時に、直接対話をすることは難しい状況です。そのため、個別の連絡を行う際には、電話連絡の他に、連絡ノートや連絡アプリを利用する等の工夫が必要です。

　また、直接対話を行うためには個別面談を設定し、園で個別に話をする機会を設けることもできるでしょう。〈事例4〉では、Kさんのために巡回相談を利用していることから、保護者が心理職に相談ができるような場を設けることも有効です。そして、このような場や機会を活用して、適切な専門機関や医療機関を紹介することも大切です。

第7章　保育における「困り感」

表 7-5　保育所保育指針および幼保連携型認定こども園教育・保育要領
における子育て支援・子育ての支援

保育所保育指針（2017年版）	幼保連携型認定こども園教育・保育要領（2017年版）
第4章　子育て支援 1　保育所における子育て支援に関する基本的事項 (1)　保育所の特性を生かした子育て支援 ア　保護者に対する子育て支援を行う際には、各地域や家庭の実態等を踏まえるとともに、保護者の気持ちを受け止め、相互の信頼関係を基本に、保護者の自己決定を尊重すること。 イ　保育及び子育てに関する知識や技術など、保育士等の専門性や、子どもが常に存在する環境など、保育所の特性を生かし、保護者が子どもの成長に気付き子育ての喜びを感じられるように努めること。 2　保育所を利用している保護者に対する子育て支援 (1)　保護者との相互理解 ア　日常の保育に関連した様々な機会を活用し子どもの日々の様子の伝達や収集、保育所保育の意図の説明などを通じて、保護者との相互理解を図るよう努めること。 (2)　保護者の状況に配慮した個別の支援 イ　子どもに障害や発達上の課題が見られる場合には、市町村や関係機関と連携及び協力を図りつつ、保護者に対する個別の支援を行うよう努めること。 (3)　不適切な養育等が疑われる家庭への支援 ア　保護者に育児不安等が見られる場合には、保護者の希望に応じて個別の支援を行うよう努めること。	第4章　子育ての支援 第1　子育ての支援全般に関わる事項 1　保護者に対する子育ての支援を行う際には、各地域や家庭の実態等を踏まえるとともに、保護者の気持ちを受け止め、相互の信頼関係を基本に、保護者の自己決定を尊重すること。 2　教育及び保育並びに子育ての支援に関する知識や技術など、保育教諭等の専門性や、園児が常に存在する環境など、幼保連携型認定こども園の特性を生かし、保護者が子どもの成長に気付き子育ての喜びを感じられるように努めること。 第2　幼保連携型認定こども園の園児の保護者に対する子育ての支援 1　日常の様々な機会を活用し、園児の日々の様子の伝達や収集、教育及び保育の意図の説明などを通じて、保護者との相互理解を図るよう努めること。 6　園児に障害や発達上の課題が見られる場合には、市町村や関係機関と連携及び協力を図りつつ、保護者に対する個別の支援を行うよう努めること。 8　保護者に育児不安等が見られる場合には、保護者の希望に応じて個別の支援を行うよう努めること。

131

実践編

3．職員の資質向上および保育の質の向上の視点から

　最後に、実践の質の向上という視点から、よりよい実践について考えてみます。〈事例4〉は認定こども園の事例でしたが、職員の資質向上については、保育所保育指針に定められています。そこで、ここでは保育所保育指針をもとに考えてみます。

　保育所保育指針第5章のうち、〈事例4〉の職員の資質向上に関係する内容は表7-6の通りです。ここでは、一人ひとりの保育者が自ら専門性を高めることに加え、各園には保育の質の向上に向けた組織的な取り組みを行うことが求められています。また、具体的な方法として園内研修と外部研修の両方を活用することとされています。

　〈事例4〉のL先生は、自主的にアンガーマネジメントについて学んでいました。このように、一人ひとりの保育者が自らの課題を見出し、その改善に向けた取り組みを行うことは、保育の質の向上につながります。しかし、保育はたった1人の保育者の力だけで成立するものではなく、園内の様々な職員の協力によって成り立っています。そのため、1人の努力のみでは園全体の保育の質の向上は見込めません。保育の質の向上には、一人ひとりの保育者の自己研鑽と、園全体の組織的な取り組みの両方が必要です。

　例えば、事故防止や安全対策の観点から考えると、「1．保育の視点から」で述べたような「①施設内外の安全点検」や「②園全体での安全対策に関する共通理解と体制づくり」が挙げられます。さらに、日々の保育におけるかかわりでは、安全指導の内容を園全体で共有し、子どもたちに一貫性を持った指導を行うようにすることや、Kさんと過ごす際の留意事項、怪我や事故の発生時の対応や保護者への連絡等、対応方針を明確にするとともに、これを職員間で共有することも大切です。

　さらに、L先生はアンガーマネジメントについて個人的な学習に取り組んでいましたが、これを園内研修会のテーマとして、全職員で学ぶことも有効であると考えられます。なぜなら、感情コントロールの難しさ

はL先生だけの課題ではなく、保育を行ううえで他の保育者にも共通して生じうる課題であるからです。他にも、Kさんに限らず、保育に難しさを感じている事例を取り上げ、カンファレンスを行ったり、外部講師を招いて研修会を行ったりすることも有効であると考えられます。

表7-6 保育所保育指針における職員の資質向上・保育の質の向上

第5章 職員の資質向上

1 職員の資質向上に関する基本的事項

(1) 保育所職員に求められる専門性

子どもの最善の利益を考慮し、人権に配慮した保育を行うためには、職員一人一人の倫理観、人間性並びに保育所職員としての職務及び責任の理解と自覚が基盤となる。

各職員は、自己評価に基づく課題等を踏まえ、保育所内外の研修等を通じて、保育士・看護師・調理員・栄養士等、それぞれの職務内容に応じた専門性を高めるため、必要な知識及び技術の修得、維持及び向上に努めなければならない。

(2) 保育の質の向上に向けた組織的な取組

保育所においては、保育の内容等に関する自己評価等を通じて把握した、保育の質の向上に向けた課題に組織的に対応するため、保育内容の改善や保育士等の役割分担の見直し等に取り組むとともに、それぞれの職位や職務内容等に応じて、各職員が必要な知識及び技能を身につけられるよう努めなければならない。

3 職員の研修等

(1) 職場における研修

職員が日々の保育実践を通じて、必要な知識及び技術の修得、維持及び向上を図るとともに、保育の課題等への共通理解や協働性を高め、保育所全体としての保育の質の向上を図っていくためには、日常的に職員同士が主体的に学び合う姿勢と環境が重要であり、職場内での研修の充実が図られなければならない。

(2) 外部研修の活用

各保育所における保育の課題への的確な対応や、保育士等の専門性の向上を図るためには、職場内での研修に加え、関係機関等による研修の活用が有効であることから、必要に応じて、こうした外部研修への参加機会が確保されるよう努めなければならない。

実践編

　また、「保育士等キャリアアップ研修」等の園外研修の機会を活用
し、分野別リーダーを中心に、園内で役割分担を行いながら対応を図っ
ていくこともできるでしょう。特に、Kさんの行動については、Kさん
自身の育ちの課題であるのか、家庭的な背景によって生じているのか、
あるいは保育中の何らかの要因によって誘発されている行動であるのか
を考えていくことも必要です。〈事例4〉では、心理職の巡回相談を活
用していることから、そこでの助言を踏まえた対応が可能であると考え
られます。

　もし今後、Kさんの保護者が医療機関を受診したり、児童発達支援セ
ンターなどの療育を活用したりする場合には、これらの関係機関と情報
交換を行いながら、園全体で在園期間中、さらには小学校就学に向けた
個別の支援を行っていくことも大切です。

注・引用文献

1)　Feeney, S. & Freeman, N. K. (2018) *Ethics and the Early Childhood Educator:
　　Using the NAEYC Code (Third Edition)*, NAEYC
2)　厚生労働省編（2018）『保育所保育指針解説』フレーベル館、p.318.

参考文献

喜多明人・森田明美・広沢明・荒牧重人編（2009）『[逐条解説] 子どもの権利条約』日本評論
　　社
厚生労働省（2020）「保育所における自己評価ガイドライン（2020年改訂版）」令和2年3月
内閣府・文部科学省・厚生労働省（2016）「教育・保育施設等における事故防止及び事故発生時
　　の対応のためのガイドライン【事故防止のための取組み】——施設・事業者向け」平成28
　　年3月
内閣府・文部科学省・厚生労働省（2018）『幼保連携型認定こども園教育・保育要領解説』フ
　　レーベル館

鶴 宏史

　本書は、JSPS 科研費 JP21K02333「保育における倫理的意思決定モデルに関する基礎研究」（代表者：亀﨑美沙子）の助成を受けたものです。

　本書を締めくくるにあたって、ご多忙ななかアンケート調査やインタビュー調査に協力いただいた保育所・認定こども園の保育者の方々に御礼を申し上げます。そして、調査協力の保育所・認定こども園を紹介してくださった日本保育協会青年部の皆様に謝意を表します。さらに、NAEYC 倫理綱領の翻訳では、みどり・クリステンセン氏に一つひとつの単語の訳や文章表現の細部にわたって助言をいただきました。感謝申し上げます。そして、ハワイ大学名誉教授のステファニー・フィーニィ（Stephanie Feeney）先生に御礼申し上げます。フィーニィ先生はNAEYC 倫理綱領策定からその後の専門職倫理の研究と教育に尽力されてきました。我々の研究においても著書・論文を通して多くのことを学びました。加えてフィーニィ先生とのメールでのやりとりにおいて、我々の研究に対して多大なる激励をいただきました。

　さて、「はじめに」でも述べたように、本書は、保育者の倫理的問題への対応についてアメリカの NAEYC 倫理綱領から学ぶ内容になっています。NAEYC 倫理綱領を活用するメリットは大きく 2 点挙げられます。1 つ目は、ある程度具体化された行動規範が示されており、日頃の保育実践でも活用しやすいことです。保育者の倫理的責任として、①子ども、②家族、③同僚、④地域社会のそれぞれに対する「原理（Ideal）」と「原則（Principle）」が示されています。一般的に倫理綱領は抽象的だと指摘されますが、この原理と原則が明確に示されていることによって、保育者が、保育の専門職として何をすべきか、あるいはすべきではないかを具体的に学ぶことができます。よって、日々の保育の振

り返りにおいても有効に活用できることでしょう。

　2つ目は、保育者が倫理的問題に直面した際の倫理的意思決定のプロセスが示されていることです。保育者の倫理的問題は何となく取り組んだり、経験や勘だけで取り組んだりするものではありません。第2章や〈実践編〉で示した通り、倫理的問題の性質の特定からその対応の評価に至るまでのプロセスが、フローチャートとして具体的に示されており、わが国の保育現場でも活用することが期待されます。

　一方で、NAEYC倫理綱領をわが国でそのまま活用することには限界もあります。例えば、アメリカと日本では法令や保育制度等の違いがあり、その代表的な例として、保育者の役割範囲の違いが挙げられるでしょう。日本では、保育者の業務として保護者支援・子育て支援が定められていますが、アメリカの保育者は保護者支援・子育て支援は業務として明示されていません。また、アメリカは日本と異なり子どもの権利条約に批准していません。アメリカが条約に批准しない理由として、アメリカにおいて社会権に関しては個人の責任であるという考え方をする人が多いことや、子どもを権利行使の主体とする条約の子ども観に反対する人も多いことなどが挙げられています。NAEYC倫理綱領を活用する際には、このような前提となる法制度等の違いがあることを、私たちは理解しておく必要があります。

　わが国において、今後、保育者の専門職倫理に関する議論を深めていく必要があります。本書が、保育者の倫理的実践に寄与することを願っています。

参考文献

平野裕二「国連・子どもの権利委員会が見た子どもの権利——様々な差別の解消と実効的な権利救済を勧告」一般社団法人部落解放・人権研究所HP（https://blhrri.org/old/info/koza/koza_0106.htm、情報取得2024年7月5日）

亀﨑美沙子（2023）『子育て支援における保育者の葛藤と専門職倫理——「子どもの最善の利益」を保障するしくみの構築にむけて』明石書店

巻末資料

・保育者の倫理綱領および責任声明
　　― 全米乳幼児教育協会（NAEYC）の公式声明 ―
・乳児院　倫理綱領
・全国児童養護施設協議会　倫理綱領
・社会福祉士の倫理綱領
・社会福祉士の行動規範

保育者の倫理綱領および責任声明

― 全米乳幼児教育協会 (NAEYC) の公式声明 ―

（2005 年 4 月に改訂および 2011 年 5 月に再確認・更新）

国際乳幼少期教育協会（Association for Childhood Education International）によって承認。

全米ファミリー・チャイルドケア協会（National Association for Family Child Care）によって採択。

前文

　全 米 乳 幼 児 教 育 協 会 （NAEYC）は、保育関係者が日々、多くの道徳的・倫理的な意味合いを含む決断に直面していることを認識している。「NAEYC の倫理綱領（Code of Ethical Conduct）」は、責任ある行動のための指針を提供し、そして、保育のなかで遭遇する主要な倫理的ジレンマを解決するための共通基礎を提示する。「責任 声 明（Statement of Commitment）」は、倫理綱領の一部ではないが、一人ひとりが自発的に承認する、保育領域に特有の価値と道徳的義務を包含する文書である。

　倫理綱領の主要な対象は、0・1 歳児の保育プログラム、プレスクールとプレキンダーガーデンの保育プログラム、チャイルド・ケア・センター、病院とチャイルド・ライフ・セッティング、ファミリー・チャイルド・ケア・ホーム、キンダーガーデン、およびプライマリー・クラスルームといった、誕生から 8 歳までの子どもの保育関連施設 [以下、これらの施設を総称的に園と訳す] での、子どもと家族に対する日々の実践である。そして、これらの規定はまた、乳幼児が問題に関係している場合、園の管理者、親に養育指導を行う者、保育者養成教員等、および園を監督し、その認可に責任のある当局等を含めて、直接的に子どもに関わらない専門家にも適用される（注：web サイトで参照可能な"Code of Ethical Conduct: Supplement for

Early Childhood Adult Educators," (www. naeyc.org/about/positions/pdf/ethics04. pdf.）および "Code of Ethical Conduct: Supplement for Early Childhood Program Administrators," (http://www.naeyc.org/ files/naeyc/file/positions/PSETH05_supp. pdf）もあわせて参照のこと）。

倫理綱領の 2005 年の改訂版と 2011 年の再確認・更新

　NAEYC の倫理綱領は、改訂の可能性を考慮して定期的に見直される。NAEYC 運営委員会（Governing Board of NAEYC）が倫理綱領の全面的な改訂が必要だと判断した場合、協会の公式声明の作成と改訂のプロセスが開始される。このプロセスでは、NAEYCの会員、その他の保育専門家、そして必要に応じて、公式声明が扱う分野の専門知識を持つ者らによる広範な意見の取り入れや見直しが行われる。2005 年の改訂では、主に多様性の尊重および説明責任に関する事柄と子どもの評価に関する事柄に焦点が当てられ、倫理綱領に新しい中核的価値が 1点、新しい原理が 9 点、新しい原則が 14 点追加された。

　2011 年、運営委員会は 2005 年版の倫理綱領を再確認、公式声明を更新し、「園の管理者のための補足（Supplement for Early Childhood Program Administrators)」との整合性を反映させた。具体的には、セクション III-C（同僚に対する倫理的責任／従業員に対する責任）は、これらの原理と原則が補足文書［訳注：「園の管理者のための補足」を指す］に記載されているために削除された。また、明確性と一貫性を保つために、その他の細かい修正が行われた。さらに、家族への責任に関する原理と原則が変更され、この領域における現行の家族の関与に関するベストプラクティスとの整合性が図られた。

中核的価値

　保育における倫理的行動の基準は、保育領域の歴史に深く根づいた次のような中核的価値に対する責任に基づいている。我々は下のように約束する。

- 人間のライフサイクルのなかで、ユニークで価値ある時期として、子ども期を正しく認識する。
- 子どもはどのように発達し学習するかに関する知識を、我々の職務

の基礎とする。

- 子どもと家族の絆を正しく認識し、支援する。
- 子どもは、家族、文化[*1]、地域、社会の文脈のなかで、最もよく理解され、支援されることを認識する。
- 一人ひとりの個人（子ども、家族成員、同僚）の尊厳、価値、独自性を尊重する。
- 子ども、家族成員、同僚の多様性を尊重する。
- 信頼と尊重を基盤とした関係のなかで、子どもも大人も、その可能性を最大に発揮することを認識する。

概念的枠組み

倫理綱領は、専門職の責任の枠組みを4つのセクションに分けて設定している。各セクションは、(1) 子どもとの関係、(2) 家族との関係、(3) 同僚との関係、(4) 地域や社会との関係、という専門的な関係の領域を

扱っている。各セクションは、その文脈における保育実践者（専門職）の第一義的責任に関する前置きを含んでいる。前置きの後に、模範的な専門職の行為を反映する原理（I）、そして必要とされる行為、禁止される行為、あるいは許可される行為を説明する原則（P）が続く。

原理（ideals）は実践者の志を反映している。**原則（principles）**は、行為を導き、倫理的ジレンマを解決する際に実践者を援助する[*2]。原理と原則は、実践者が責任ある解答を求められた際に、誠実な意思決定をするための基礎を提供し、実践者を導くことを意図している。倫理綱領は、倫理的ジレンマを扱う際の具体的な方向性を提示するが、その他の多くの場合には、倫理綱領の指針と専門的判断とを結びつけることを実践者に要求するだろう。

この倫理綱領の原理と原則は、専門職の責任に関する共有の枠組みを示し、保育領域の中核的価値に対する我々の責任を確認するものである。こ

---

*1 ここでいう文化には、一人ひとりの子どもの発達と世界との関係に深く関わる民族性、人種的なアイデンティティ、経済レベル、家族構造、言語、宗教的・政治的信念が含まれる。

*2 対応する原則が、必ずしも各々の原理のためにあるというわけではない。

の倫理綱領は、我々が現場で引き受ける責任を公に認め、そうすることで我々の職務における倫理的行動を支援するものである。倫理的重要性を伴う状況に直面した実践者は、この倫理綱領の適用可能な部分で、そして、倫理綱領全体にある精神のなかで、指針を見つけ出すことを求められる。

しばしば、"正しい答え"——とるべき最善の倫理的行動指針——は明確ではない。ある状況を解決するのに、容易で、明確で、絶対的な方法はないだろう。ある重要な価値が別の価値を否定する時、倫理的ジレンマに直面する。倫理的ジレンマに直面する時、最善の倫理的解決を見出すために、倫理綱領を参照し、関連するすべての当事者の意見を聞くことが、我々専門職の責任である。

セクションI：
子どもに対する倫理的責任

子ども期は、人間のライフサイクルのなかで、ユニークで価値ある時期である。我々の最大の責任は、一人ひとりの子どもたちのために、安全で、健康的で、養育的で、応答的な環境で、保育を提供することである。我々は、子どもたちの発達と学習を支援する

こと、子ども一人ひとりの違いを尊重すること、そして、子どもたちが生活し、遊び、協働することを学べるように援助することを約束する。我々はまた、子どもたちの自己認識、対処能力（competence）、自尊心、回復力、そして身体的健康を増進することを約束する。

原理

I-1.1 保育に関する知識基盤に精通し、そして継続的な教育と研修を通して新しい情報をいつも入手すること。

I-1.2 一人ひとりの子どもに関する特定の知識だけでなく、乳幼児保育領域、子どもの発達領域、および関連する学問領域の最新の知識と研究をプログラム実践の基礎におくこと。

I-1.3 子ども一人ひとりのユニークな特性、能力、可能性を認識し、尊重すること。

I-1.4 子どもたちの脆弱さと、大人への依存性を認めること。

I-1.5 子どもたちの社会的、情緒的、認知的、身体的な発達を促し、子どもたちの尊厳と貢献を尊重する、安全で健康的な環境をつくり、維持すること。

I-1.6 評価対象となる子どもにとっ

て適切で、企図された目的にのみ使用され、そしてそれが子どもたちの利益に資する可能性を有する評価の手段と方略を用いること。

I-1.7 子どもたちの発達と学習を理解し、支援し、指導するために、そして追加のサービスが必要かどうかを確認するために、評価情報を用いること。

I-1.8 障害のある子どもと、そうでない子どものいずれのニーズも満たす包括的な環境のなかで、遊び、学習する子どもたちの権利を支えること。

I-1.9 特別なニーズをもつ子どもたちを含むすべての子どもたちが、よりよい発達のために必要な支援サービスにアクセスすることを擁護し、確実なものとすること。

I-1.10 一人ひとりの子どもの文化、言語、民族、および家族構成が、園のなかで認識され、尊重されることを保証すること。

I-1.11 すべての子どもたちに、知っている言語での経験を提供するとともに、子どもたちが母国語の使用を続けながら、英語を学ぶことを支援すること。

I-1.12 子どもたちとその家族がある園から次の園に移る際に、安全かつスムーズに移行できるように家族と協力

すること。

原則

P-1.1 何よりもまず、我々は子どもたちを傷つけてはならない。我々は、子どもたちに情緒的に害を与え、身体的に傷つけ、軽視するような、自尊心を傷つけるような、危険で、搾取するような、脅すような実践に参加してはならない。*この原則は、倫理綱領の他の原則よりも優先される。*

P-1.2 我々は、認知的側面を刺激するような、一人ひとりの子どもの文化、言語、民族、そして家族構成を支えるような、情緒的にも、社会的にも、好ましい環境で保育を行う。

P-1.3 我々は、子どもたちの性別、人種、国籍、滞在（在留）資格、家庭で使用される言語、宗教的信条、健康状態、障害、あるいは結婚状況／家族構成、性的指向、もしくは家族の宗教的信条、その他の家族に関わることを根拠に利益を否定したり、特別扱いしたり、あるいは子どもたちを園や活動から排除することによって、子どもたちを差別する実践に参加してはならない（この原則は、法的な権限に基づいて特定の子どもたちにサービスを提供している園には適用されない）。

P-1.4 我々は、子どもに関する決定には、関連する知識を持つ人々（家族やスタッフなど）を含めるために、情報の伝達を相互に行う。その際、必要に応じて、慎重に取り扱うべき情報の秘密保持に努める（P-2.4 も参照とする）。

P-1.5 我々は、複数の情報源を含めて、子どもたちの学習と発達に関する情報提供のために適切な評価システムを用いる。

P-1.6 我々は、特別教育サービスへの登録・保留・割当てに関するような決定の際には、1 つのテストの点数や 1 回の観察のような、たった 1 つの評価に基づくのではなく、複数の情報源に基づいて行うことを保証するように努める。

P-1.7 我々は、子どもたち一人ひとりと個別の関係を構築するように努める。例えば、教育方法、学習環境およびカリキュラムを、子どもたち一人ひとりに応じたものにする：そして、それぞれの子どもがプログラムから利益が得られるように家族と話し合う。もし、そのような努力がなされた後、現在のクラス分けが子どものニーズに合致していないか、ある子どもが、園から利益を得ている他の子どもたちの能力を著しく損なうならば、我々は、そ

の子どもの家族および適切な専門家と協力して、必要とされるサービスの追加を決定する。そして／または、子どものよりよい発達を確実にする可能性の高いクラス分けを決定する（この原則は、法的な権限に基づいて特定の子どもたちにサービスを提供している園には適用されない可能性もある）。

P-1.8 我々は、身体的虐待、性的虐待、暴言、精神的虐待や、身体的・情緒的ニーズに応じない、教育を受けさせない、医療を受けさせないことを含めた、児童虐待とネグレクトの危険因子や兆候に精通する。我々は虐待やネグレクトから子どもたちを守る州法や地域の手続き（community procedures）を知り、遵守する。

P-1.9 我々が、児童虐待やネグレクトを疑う妥当な理由を有する場合、それを適切な地域の機関に報告し、そして適切な行動がとられているかを確認するためにフォローアップを行う。必要に応じて、我々は両親や保護者に、照会があること、または照会されたことを伝える。

P-1.10 ある子どもが虐待かネグレクトされているという疑いを、第三者が我々に話した場合、我々は、その人がその子どもを保護するための適切な行

143

動をとれるよう手助けする。

P-1.11 我々が、子どもたちの健康、安全、またはウェルビーイングを危険にさらす実践、またはそのような状況に気づいたなら、子どもたちを保護するか、両親および／または他の誰か子どもを保護できる人に知らせる倫理的責任を有する。

セクション II：
家族に対する倫理的責任

子どもたちの発達にとって家族[*3]は最も重要である。家族と保育者は、子どものウェルビーイングを共通の関心としているため、我々は、子どもの発達を促すように、家庭と園とのコミュニケーション、協力、協働を図るという、第一次的な責任を認識する。

原理

I-2.1 家族との効果的な連携に関連する知識基盤に精通し、継続教育と研修を通して新しい情報を保持し続けること。

I-2.2 相互の信頼関係を発展させ、我々がサービスを提供する家族との

パートナーシップを築くこと。

I-2.3 すべての家族成員を温かく迎え、共同（共有）での意思決定を含めて、保育プログラムに参加するように勧めること。

I-2.4 家族の話に耳を傾け、家族の強さや能力を認め、またそれらを強化し、家族から学びながら子育てを支援していくこと。

I-2.5 すべての子どもと家族に文化的に一貫した環境を保証するために、それぞれの家族の尊厳と選択を尊重し、そしてその家族構成、文化、言語、習慣、および信条について学ぶよう努めること。

I-2.6 家族の子育てに関する価値観と、彼らの子どもに対する決定権を認めること。

I-2.7 一人ひとりの子どもの教育と発達に関する情報を家族と共有し、そして、家族が保育専門職の最新の知識基盤を理解し、正しく認識するのを手助けすること。

I-2.8 職員が家族とのコミュニケーションを通じて一人ひとりの子どもの理解を深めるのと同様に、家族成員が

[*3] 家族という用語には、両親の他に、子どもの教育、養育、権利擁護に関わる責任を負う大人が含まれることがある。

自分の子どもたちについて理解を深められるように手助けし、彼らが親としてのスキルを継続して向上させるように支援すること。

I-2.9　支援ネットワークを構築することによって家族の努力を促すこと。そして必要な場合には、保育プログラムの職員、他の家族、地域資源、そして専門職的サービスとやりとりできる機会を家族に提供することによって、家族支援ネットワークの構築に参加すること。

原則

P-2.1　我々は、裁判所命令または他の法的規制によって制限がなされていなければ、家族成員が子どもの保育室や園環境へアクセスすることを拒んではならない。

P-2.2　我々は、園の理念、方針、カリキュラム、評価システム、文化的習慣、および全職員の資格保有に関する情報を家族に提供し、なぜ我々がそのように指導するのか、つまりその指導が子どもたちに対する我々の倫理的責任と一致すること（セクションIを参照）を説明する。

P-2.3　我々は家族に対して方針決定を報告する。必要に応じて、家族も方

針決定に参加させる（I-2.3も参照）。

P-2.4　我々は、家族が、自分たちの子どもに影響する重要な決定に参加できるように保証する（P-1.4も参照）。

P-2.5　我々は、家族が理解する言語で効果的に、すべての家族とコミュニケーションをとるようにあらゆる努力をする。我々が、我々自身の園のなかに十分な資源を有しない場合、翻訳と通訳のために地域資源を活用する。

P-2.6　家族が自分たちの子どもと家族についての情報を我々と共有する時、我々は家族に関するデータがプログラムの計画や実施に大いに寄与するように保証する。

P-2.7　我々は家族に、園における子どもの評価の性質と目的、および子どもに関する情報がどのように使用されるかについて知らせる。

P-2.8　我々は子どもの評価に関する情報を内密に扱い、そして、正当な理由がある場合に限りこの情報を共有する。

P-2.9　我々は、子どもが巻き込まれる怪我や事故、または感染症のウイルスにさらされるリスク、そして精神的なストレスをもたらす可能性のある出来事を家族に知らせる。

P-2.10　家族は、自分の子どもが対象

145

となる計画された調査研究プロジェクトについて十分に知らされ、そして、不利益を被ることなしに、同意をするか否かの機会を与えられる。我々は、何らかの点で子どもたちの教育、発達、およびウェルビーイングを妨げるような調査研究を許可したり、それらに参加したりしてはならない。

P-2.11 我々は家族間の搾取に関わったり、支持したりしてはならない。我々は、私利私欲のために家族との関係を利用してはならない。また、子どもたちに対する我々の効果的な働きかけを損なう可能性のある家族成員との関係に加わってはならない。

P-2.12 我々は、秘密保持と子どもたちの記録の開示に関する文書化された方針を策定する。これらの方針文書は、すべての園の職員と家族が入手できる。家族成員、園の全職員、守秘義務を有する相談役以外への子どもたちに関する記録の開示には、家族の同意が必要である（虐待およびネグレクトの場合は除く）。

P-2.13 我々は、秘密情報の開示と家族生活への侵入を控えながら、秘密を守り、家族のプライバシーの権利を尊重する。しかし、子どもの福祉が危険にさらされていると信じる理由がある

場合、子どもの利益に介入する法的責任を有する個人とだけでなく、各種機関と秘密情報を共有することは許可されている。

P-2.14 家族成員が他の成員と対立する場合、我々は、子どもの観察に基づく情報を共有しながら、すべての当事者が十分な情報に基づいて判断できるように公然と働きかける。我々はどちらか片方の味方になることを慎む。

P-2.15 我々は、地域資源や専門的な支援サービスに精通し、適切にそれらを家族に紹介する。その後、サービスの適切な提供を確実にするためにフォローアップを行う。

セクション III：
同僚（colleague）に対する倫理的責任

　温かく、そして協力的な職場においては、人間としての尊厳は尊重され、専門職としての満足感が高まり、そして肯定的な関係が発展し、維持される。同僚に対する我々の第一次的責任は、我々の中核的価値に基づいて、建設的な取り組みを支援し、専門職としてのニーズに応えるような環境と関係を確立し、それを持続することである。我々が職場において大人とかかわ

り合う時にも、子どもに適用されるのと同じ原理が適用される。（注：セクションⅢには、職員や雇用主に対する責任が含まれる。全職員（2005年改訂版では従業員（employees）と表記）に対する責任については、「園の管理者のための補足」を参照）。

A−同僚（coworkers）に対する責任

原理

I-3A.1　同僚と、尊重、信頼、守秘、協働、および協力という関係を確立し、持続すること。

I-3A.2　同僚と資源を共有し、可能な限り最善の保育プログラムの提供を保証するために協力すること。

I-3A.3　同僚の専門職としてのニーズに応え、そして専門職として成長できるように支援すること。

I-3A.4　専門職としての実績に対する正当な評価を同僚に与えること。

原則

P-3A.1　我々は、同僚の園に対する貢献を認識し、同僚の評判を下げたり、子どもたちや家族への彼らの効果的な働きかけを損なったりするような実践に参加してはならない。

P-3A.2　我々が、同僚の専門職として

の行動に懸念がある場合、まず個人の尊厳と職員間の多様性を尊重する方法で、その同僚に我々の懸念を知らせる。そして、互いに平等な権限を保ちながら、秘密を守りつつ問題解決を試みる。

P-3A.3　我々は、同僚の個人的な態度、または専門職としての行為に関して意見を表明する際には注意を払う。意見の表明は、噂ではなく、直接知った事実に基づいてなされるべきであり、そして、子どもたちと園の利益のためになされるべきである。

P-3A.4　我々は、性別、人種、国籍、宗教的信条、またはその他の属性、年齢、婚姻状況／家族構成、障害または性的指向を理由に同僚を差別するような実践に参加してはならない。

B−雇用主（employers）に対する責任

原理

I-3B.1　最も質の高いサービスを提供するために園に貢献すること。

I-3B.2　子どもたちを保護する法規や本綱領の条項規定に違反しない限り、我々が勤務する園の評判を下げるようなことをしないこと。

原則

P-3B.1 我々は、園の方針すべてを遵守する。我々が園の方針に同意しない時、我々は組織内で建設的な行動を通して変化をもたらそうと試みる。

P-3B.2 我々は、園の代表として公の場に出た時には組織を代弁し、行動する。我々は、自分が組織の代表として話しているのか、個人の意見を表明しているのかを区別するように心がける。

P-3B.3 我々は、子どもの保護を目的とした法規に違反してはならない。そして、そのような違反に気づいた時、倫理綱領に即した適切な行動をとる。

P-3B.4 同僚の行動に懸念があるが、子どものウェルビーイングが危険にさらされていない場合には、その同僚に対する懸念に対処することもできる。もし、同僚に注意を促した後、子どもが危険にさらされる、あるいは状況が改善されない場合には、我々は同僚の非倫理的な行動、あるいは不適格な行動をしかるべき機関に報告する。

P-3B.5 園内の保育の質に影響を与える環境あるいは状況に懸念がある場合、その園の管理部門に報告し、必要であれば、他の適切な機関に報告する。

セクションⅣ：
地域と社会に対する倫理的責任

保育プログラムは、家族と、子どもの福祉に関する関係機関からなる身近な地域のなかで運営される。地域に対する我々の責任は、家族の多様なニーズに対応した保育プログラムを提供すること、子どもたちに対する責任を共有する機関や専門職と協力すること、それらの機関や関連する専門職へアクセスできるように家族を援助すること、そして必要でありながら現在提供されていない地域プログラムの開発を援助することである。

個人として、我々は子どもたちに対して最善の保育プログラムを提供し、そして誠実かつ高潔に行動するという自分たちの責任を認める。乳幼児の発達と教育に関する我々の専門的知識・技術を理由として、またより大きな社会が乳幼児の福祉や保護に対する責任を共有するがゆえに、我々は保育プログラムのなかで、また、より大きな地域において、子どもの最善の利益を支持し、そして、あらゆる場面で乳幼児のために意見を代弁するという職能集団としての義務を負うことを認識する。

このセクションにおける原理と原則は、一人ひとりの保育者が"集団"として承認された原理と原則に取り組む共同の責任を有するということを前提として、一人ひとりの保育者の職務に関係あるものと、より一般的に子どもたちの最善の利益のために集団で関わるものとを区別して提示されている。

原理（個人）

I-4.1 地域に質の高い保育プログラムとサービスを提供すること。

原理（集団）

I-4.2 乳幼児やその家族、そして保育者の健康、教育、ウェルビーイングに関する問題に取り組む専門職や各種機関同士の協力、専門職間の学際的な協同を促進すること。

I-4.3 教育、研究、アドボカシーを通じて、すべての子どもたちがヘルスケア、食料、住居（shelter）を与えられ、育まれ、家庭や地域において暴力から解放されて生きられるような環境的に安全な世界を目指すこと。

I-4.4 すべての乳幼児が、質の高い保育を利用できる社会を目指して、教育、研究、アドボカシーを通して働きかけること。

I-4.5 複数の情報源を含む適切な評価システムが、子どものためになる目的で確実に使用されるよう取り組むこと。

I-4.6 乳幼児および彼らのニーズについての知識と理解を深めること。社会が子どもの権利をより一層認めるよう、そして、子どものウェルビーイングのための責任をより積極的に受け入れるよう努力すること。

I-4.7 子どもたちと家族のウェルビーイングを向上させる政策や法律を支持し、彼らのウェルビーイングを損なう政策や法律を変革する努力をすること。必要な政策や法律の策定に参加し、これらの取り組みにおいて家族、他の人々やグループと協力すること。

I-4.8 保育分野の専門的な発展を促進し、この倫理綱領に反映されている中核的価値の実現に向けた取り組みを強化すること。

原則（個人）

P-4.1 我々の提供するサービスの特徴と範囲について、包み隠さず誠実に知らせる。

P-4.2 我々は、個人的に適性があり、かつ職業的に要件を満たしたポジションに応募し、それを受け入れ、職

務にあたる。我々は、提供する能力、資格、資源がないサービスを提供してはならない。

P-4.3 我々は慎重に身元保証書を確認し、能力、資格、人柄において、そのポジションにふさわしくない人物を雇ったり採用に推薦したりしてはならない。

P-4.4 我々は、園の実践の基盤となる知識を客観的かつ正確に公表する。

P-4.5 我々は、アセスメントの適切な方法や手段について精通し、その結果を家族に正確に説明する。

P-4.6 我々は、園の子どもたちを保護するための法令に精通し、それらの法令が確実に遵守されるように常に注意を払う。

P-4.7 子どもたちの健康、安全、ウェルビーイングを危険にさらす実践や状況に気づいた時、我々は、子どもたちを保護する倫理的責任、もしくは親や子どもを保護できる他の人に知らせる倫理的責任を有する。

P-4.8 我々の園の子どもたちを保護する法令に違反するような実践に加わってはならない。

P-4.9 園が子どもたちを保護する法令に違反している証拠がある時、我々は、その状況の改善が期待される適切

な機関へ報告する。

P-4.10 園が本倫理綱領に違反しているか、あるいは園の職員に違反することを要求する場合、その証拠に対する公正な評価の後、その園がどこかという開示が認められる。

原則（集団）

P-4.11 子どもたちの利益にならない目的で政策が制定される時、我々はこれらの政策を変えるために働きかける集団的責任を有する。

P-4.12 子どものウェルビーイングを確保することを目的としたサービスを提供する機関が、その義務を果たしていない証拠を得た場合、我々は、適切な当局、あるいは公に対して、その問題を報告する集団としての倫理的責任を認識する。我々は、その状況が改善されるまで注意深くフォローアップを行う。

P-4.13 児童保護機関が、虐待された子ども、あるいはネグレクトされた子どもに十分な保護を提供できない場合、我々はこれらのサービスの改善に向けて働きかける集団的な倫理的責任を認識する。

責任声明
(Statement of Commitment)[*4]

　乳幼児に関わる個人として、私はNAEYC倫理綱領の原理と原則に反映されている保育の価値をさらに高めることを約束する。私は以下のことに対して最善を尽くす。

・決して子どもたちを傷つけない。
・乳幼児のための保育プログラムが子どもの発達と保育に関する最新の知識と研究に基づいていることを保証する。
・子どもの養育役割を有する家族を尊重し支援する。
・保育において同僚を尊重し、NAEYC倫理綱領を支持するように支援する。
・地域と社会において、子どもたちとその家族、そして保育者たちの代弁者としての役割を果たす。
・高い専門的な行為に精通し、その行為を維持し続ける。

・個人の特性、偏見、信念が子どもや家族に影響を与えることを認識し、常に自己反省を行う。
・新しい考えを受け入れ、他者の提案から進んで学ぶ。
・専門職として学び、成長し、貢献し続ける。
・NAEYC倫理綱領の原理と原則を尊重する。

---

*4　この責任声明は、倫理綱領の一部ではないが、保育領域の特有の価値と道徳的義務を受け入れるという個人の意志を表明するものである。それは、個人が専門職の一員になるための道徳的義務を認識するものである。

乳児院　倫理綱領

　乳児院の責務は、子どもの生命（いのち）と人権を守り、子どもたちが日々こころ豊かにかつ健やかに成長するよう、また、その保護者が子どもたちによりよい養育環境を整えられるよう支援することです。

　私たちはこのことを深く認識し、子育て支援に対する社会からの要請に応えるべく、日々自己研鑽に励み、専門性の向上をめざします。そして、子どもたちの育ちを支える生活の場として、すべての職員が心をあわせ、子どもたちの幸福（しあわせ）を実現するための拠りどころを、次に定めます。

（基本理念）

　私たちは、社会の責任のもとに、子どもたちの生命（いのち）を、かけがえのない、社会で最も尊いものとして大切に守ります。

　私たちは、子どもたちによりそい、その思いを代弁するよう努めるとともに、専門的役割と使命を自覚し、一人ひとりの子どもの最善の利益の実現に努めます。

（権利擁護）

　私たちは、児童憲章と子どもの権利条約の理念を遵守し、子どもたちの人権（生きる権利、育つ権利、守られる権利、参加する権利）を尊重します。

　私たちは、子どもたちへのいかなる差別や虐待も許さず、また不適切なかかわりをしないよう、自らを律します。

（家庭的養護と個別養護）

　私たちは、家庭的な養育環境のもとで、子どもたちが安心して生活できるよう、子どもたち一人ひとりの成長発達をきめ細かく、丁寧に見守っていきます。

乳児院　倫理綱領

（発達の支援）

　私たちは、子どもたち一人ひとりと信頼関係を築き、子どもたちが健全な心身の発達ができるよう育ちを支えます。

（家庭への支援）

　私たちは、関係機関と協働し、家庭機能の回復を援助するとともに、保護者や里親と子どもたちを継続的に支援します。

（社会的使命の遂行）

　私たちは、関係機関と協働し、虐待防止の推進を図るとともに、地域の子育て支援や里親支援などの社会貢献に努めます。

平成 20 年 5 月 9 日（平成 26 年 5 月 12 日一部改正）

社会福祉法人　全国社会福祉協議会・全国乳児福祉協議会

全国児童養護施設協議会　倫理綱領

社会福祉法人　全国社会福祉協議会

全国児童養護施設協議会

原則

　児童養護施設に携わるすべての役員・職員（以下、『私たち』という。）は、日本国憲法、世界人権宣言、国連・子どもの権利に関する条約、児童憲章、児童福祉法、児童虐待の防止等に関する法律、児童福祉施設最低基準にかかげられた理念と定めを遵守します。

　すべての子どもを、人種、性別、年齢、身体的精神的状況、宗教的文化的背景、保護者の社会的地位、経済状況等の違いにかかわらず、かけがえのない存在として尊重します。

使命

　私たちは、入所してきた子どもたちが、安全に安心した生活を営むことができるよう、子どもの生命と人権を守り、育む責務があります。

　私たちは、子どもの意思を尊重しつつ、子どもの成長と発達を育み、自己実現と自立のために継続的な援助を保障する養育をおこない、子どもの最善の利益の実現をめざします。

倫理綱領

１．私たちは、子どもの利益を最優先した養育をおこないます

　一人ひとりの子どもの最善の利益を優先に考え、24時間365日の生活をとおして、子どもの自己実現と自立のために、専門性をもった養育を展開します。

２．私たちは、子どもの理解と受容、信頼関係を大切にします

　自らの思いこみや偏見をなくし、子どもをあるがままに受けとめ、一人ひとりの子どもとその個性を理解し、意見を尊重しながら、子どもとの信頼関係を大切にします。

３．私たちは、子どもの自己決定と主体性の尊重につとめます

　子どもが自己の見解を表明し、子ども自身が選択し、意思決定できる機会を保障し、支援します。また、子どもに必要な情報は適切に提供し、説明責任をはたします。

４．私たちは、子どもと家族との関係を大切にした支援をおこないます

　関係機関・団体と協働し、家族との関係調整のための支援をおこない、子どもと、子どもにとってかけがえのない家族を、継続してささえます。

５．私たちは、子どものプライバシーの尊重と秘密を保持します

　子どもの安全安心な生活を守るために、一人ひとりのプライバシーを尊重し、秘密の保持につとめます。

６．私たちは、子どもへの差別・虐待を許さず、権利侵害の防止につとめます

　いかなる理由の差別・虐待・人権侵害も決して許さず、子どもたちの基本的人権と権利を擁護します。

７．私たちは、最良の養育実践を行うために専門性の向上をはかります

　自らの人間性を高め、最良の養育実践をおこなうために、常に自己研鑽につとめ、養育と専門性の向上をはかります。

８．私たちは、関係機関や地域と連携し、子どもを育みます

　児童相談所や学校、医療機関などの関係機関や、近隣住民・ボランティアなどと連携し、子どもを育みます。

９．私たちは、地域福祉への積極的な参加と協働につとめます

　施設のもつ専門知識と技術を活かし、地域社会に協力することで、子育て支援につとめます。

10．私たちは、常に施設環境および運営の改善向上につとめます

　子どもの健康および発達のための施設環境をととのえ、施設運営に責任をも

ち、児童養護施設が高い公共性と専門性を有していることを常に自覚し、社会に
対して、施設の説明責任にもとづく情報公開と、健全で公正、かつ活力ある施設
運営につとめます。

2010 年 5 月 17 日 制定

社会福祉士の倫理綱領

2020年6月30日採択

前文

　われわれ社会福祉士は、すべての人が人間としての尊厳を有し、価値ある存在であり、平等であることを深く認識する。われわれは平和を擁護し、社会正義、人権、集団的責任、多様性尊重および全人的存在の原理に則り、人々がつながりを実感できる社会への変革と社会的包摂の実現をめざす専門職であり、多様な人々や組織と協働することを言明する。

　われわれは、社会システムおよび自然的・地理的環境と人々の生活が相互に関連していることに着目する。社会変動が環境破壊および人間疎外をもたらしている状況にあって、この専門職が社会にとって不可欠であることを自覚するとともに、社会福祉士の職責についての一般社会及び市民の理解を深め、その啓発に努める。

　われわれは、われわれの加盟する国際ソーシャルワーカー連盟と国際ソーシャルワーク教育学校連盟が採択した、次の「ソーシャルワーク専門職のグローバル定義」（2014年7月）を、ソーシャルワーク実践の基盤となるものとして認識し、その実践の拠り所とする。

ソーシャルワーク専門職のグローバル定義

　ソーシャルワークは、社会変革と社会開発、社会的結束、および人々のエンパワメントと解放を促進する、実践に基づいた専門職であり学問である。社会正義、人権、集団的責任、および多様性尊重の諸原理は、ソーシャルワークの中核をなす。ソーシャルワークの理論、社会科学、人文学、および地域・民族固有の知を基盤として、ソーシャルワークは、生活課題に取り組みウェルビーイングを高めるよう、人々やさまざまな構造に働きかける。

　この定義は、各国および世界の各地域で展開してもよい。

(IFSW;2014.7.) ※注1

われわれは、ソーシャルワークの知識、技術の専門性と倫理性の維持、向上が専門職の責務であることを認識し、本綱領を制定してこれを遵守することを誓約する。

原理

Ⅰ（人間の尊厳）　社会福祉士は、すべての人々を、出自、人種、民族、国籍、性別、性自認、性的指向、年齢、身体的精神的状況、宗教的文化的背景、社会的地位、経済状況などの違いにかかわらず、かけがえのない存在として尊重する。

Ⅱ（人権）　社会福祉士は、すべての人々を生まれながらにして侵すことのできない権利を有する存在であることを認識し、いかなる理由によってもその権利の抑圧・侵害・略奪を容認しない。

Ⅲ（社会正義）　社会福祉士は、差別、貧困、抑圧、排除、無関心、暴力、環境破壊などの無い、自由、平等、共生に基づく社会正義の実現をめざす。

Ⅳ（集団的責任）　社会福祉士は、集団の有する力と責任を認識し、人と環境の双方に働きかけて、互恵的な社会の実現に貢献する。

Ⅴ（多様性の尊重）　社会福祉士は、個人、家族、集団、地域社会に存在する多様性を認識し、それらを尊重する社会の実現をめざす。

Ⅵ（全人的存在）　社会福祉士は、すべての人々を生物的、心理的、社会的、文化的、スピリチュアルな側面からなる全人的な存在として認識する。

倫理基準

Ⅰ　クライエントに対する倫理責任

1.　（クライエントとの関係）　社会福祉士は、クライエントとの専門的援助関係を最も大切にし、それを自己の利益のために利用しない。

2.　（クライエントの利益の最優先）　社会福祉士は、業務の遂行に際して、クライエントの利益を最優先に考える。

3.　（受容）　社会福祉士は、自らの先入観や偏見を排し、クライエントをあるがままに受容する。

4. （説明責任）　社会福祉士は、クライエントに必要な情報を適切な方法・わかりやすい表現を用いて提供する。

5. （クライエントの自己決定の尊重）　社会福祉士は、クライエントの自己決定を尊重し、クライエントがその権利を十分に理解し、活用できるようにする。また、社会福祉士は、クライエントの自己決定が本人の生命や健康を大きく損ねる場合や、他者の権利を脅かすような場合は、人と環境の相互作用の視点からクライエントとそこに関係する人々相互のウェルビーイングの調和を図ることに努める。

6. （参加の促進）　社会福祉士は、クライエントが自らの人生に影響を及ぼす決定や行動のすべての局面において、完全な関与と参加を促進する。

7. （クライエントの意思決定への対応）　社会福祉士は、意思決定が困難なクライエントに対して、常に最善の方法を用いて利益と権利を擁護する。

8. （プライバシーの尊重と秘密の保持）　社会福祉士は、クライエントのプライバシーを尊重し秘密を保持する。

9. （記録の開示）　社会福祉士は、クライエントから記録の開示の要求があった場合、非開示とすべき正当な事由がない限り、クライエントに記録を開示する。

10. （差別や虐待の禁止）社会福祉士は、クライエントに対していかなる差別・虐待もしない。

11. （権利擁護）　社会福祉士は、クライエントの権利を擁護し、その権利の行使を促進する。

12. （情報処理技術の適切な使用）　社会福祉士は、情報処理技術の利用がクライエントの権利を侵害する危険性があることを認識し、その適切な使用に努める。

Ⅱ　組織・職場に対する倫理責任

1. （最良の実践を行う責務）　社会福祉士は、自らが属する組織・職場の基本的な使命や理念を認識し、最良の業務を遂行する。

2. （同僚などへの敬意）　社会福祉士は、組織・職場内のどのような立場にあっても、同僚および他の専門職などに敬意を払う。

3. （倫理綱領の理解の促進）　社会福祉士は、組織・職場において本倫理綱領が認識されるよう働きかける。

4. （倫理的実践の推進）　社会福祉士は、組織・職場の方針、規則、業務命令がソーシャルワークの倫理的実践を妨げる場合は、適切・妥当な方法・手段によって提言し、改善を図る。

5. （組織内アドボカシーの促進）　社会福祉士は、組織・職場におけるあらゆる虐待または差別的・抑圧的な行為の予防および防止の促進を図る。

6. （組織改革）　社会福祉士は、人々のニーズや社会状況の変化に応じて組織・職場の機能を評価し必要な改革を図る。

Ⅲ　社会に対する倫理責任

1. （ソーシャル・インクルージョン）　社会福祉士は、あらゆる差別、貧困、抑圧、排除、無関心、暴力、環境破壊などに立ち向かい、包摂的な社会をめざす。

2. （社会への働きかけ）　社会福祉士は、人権と社会正義の増進において変革と開発が必要であるとみなすとき、人々の主体性を活かしながら、社会に働きかける。

3. （グローバル社会への働きかけ）　社会福祉士は、人権と社会正義に関する課題を解決するため、全世界のソーシャルワーカーと連帯し、グローバル社会に働きかける。

Ⅳ　専門職としての倫理責任

1. （専門性の向上）　社会福祉士は、最良の実践を行うために、必要な資格を所持し、専門性の向上に努める。

2. （専門職の啓発）　社会福祉士は、クライエント・他の専門職・市民に専門職としての実践を適切な手段をもって伝え、社会的信用を高めるよう努める。

3. （信用失墜行為の禁止）　社会福祉士は、自分の権限の乱用や品位を傷つける行いなど、専門職全体の信用失墜となるような行為をしてはならない。

4. （社会的信用の保持）　社会福祉士は、他の社会福祉士が専門職業の社会的信用を損なうような場合、本人にその事実を知らせ、必要な対応を促す。

5. （専門職の擁護）　社会福祉士は、不当な批判を受けることがあれば、専門職として連帯し、その立場を擁護する。

6. （教育・訓練・管理における責務）　社会福祉士は、教育・訓練・管理を行う場合、それらを受ける人の人権を尊重し、専門性の向上に寄与する。

7. （調査・研究）　社会福祉士は、すべての調査・研究過程で、クライエントを含む研究対象の権利を尊重し、研究対象との関係に十分に注意を払い、倫理性を確保する。

8. （自己管理）　社会福祉士は、何らかの個人的・社会的な困難に直面し、それが専門的判断や業務遂行に影響する場合、クライエントや他の人々を守るために必要な対応を行い、自己管理に努める。

注１．本綱領には「ソーシャルワーク専門職のグローバル定義」の本文のみを掲載してある。なお、アジア太平洋（2016 年）および日本（2017 年）における展開が制定されている。

注２．本綱領にいう「社会福祉士」とは、本倫理綱領を遵守することを誓約し、ソーシャルワークに携わる者をさす。

注３．本綱領にいう「クライエント」とは、「ソーシャルワーク専門職のグローバル定義」に照らし、ソーシャルワーカーに支援を求める人々、ソーシャルワークが必要な人々および変革や開発、結束の必要な社会に含まれるすべての人々をさす。

社会福祉士の行動規範

2021 年 3 月 20 日採択

　行動規範は倫理綱領を行動レベルに具体化したものであり、社会福祉士が倫理綱領に基づいて実践するための行動を示してあります。行動規範は、倫理綱領の各項目を総体的に具体化したものと、個別の行動として具体化したもので構成されています。

Ⅰ．クライエントに対する倫理責任
1．クライエントとの関係
　社会福祉士は、クライエントとの専門的援助関係を最も大切にし、それを自己の利益のために利用してはならない。

1－1　社会福祉士はクライエントに対して、相互の関係は専門的援助関係に基づくものであることを説明しなければならない。

1－2　社会福祉士は、クライエントとの専門的援助関係を構築する際には、対等な協力関係を尊重しなければならない。

1－3　社会福祉士は、専門職としてクライエントと社会通念上、不適切と見なされる関係を持ってはならない。

1－4　社会福祉士は、自分の個人的・宗教的・政治的な動機や利益のために専門的援助関係を利用してはならない。

1－5　社会福祉士は、クライエントと利益相反関係になることが避けられないときは、クライエントにその事実を明らかにし、専門的援助関係を終了しなければならない。その場合は、クライエントを守る手段を講じ、新たな専門的援助関係の構築を支援しなければならない。

2．クライエントの利益の最優先

社会福祉士は、業務の遂行に際して、クライエントの意思を尊重し、その利益の最優先を基本にしなければならない。

2－1　社会福祉士は、専門職の立場を私的に利用してはならない。

2－2　社会福祉士は、クライエントから専門職としての支援の代償として、正規の報酬以外に物品や金銭を受けとってはならない。

2－3　社会福祉士は、支援を継続できない何らかの理由が生じた場合、必要な支援が継続できるように最大限の努力をしなければならない。

3．受容

社会福祉士は、クライエントに対する先入観や偏見を排し、クライエントをあるがままに受容しなければならない。

3－1　社会福祉士は、クライエントを尊重し、あるがままに受け止めなければならない。

3－2　社会福祉士は、自身の価値観や社会的規範によってクライエントを非難・審判することがあってはならない。

4．説明責任

社会福祉士は、クライエントが必要とする情報を、適切な方法やわかりやすい表現を用いて提供しなければならない。

4－1　社会福祉士は、クライエントの側に立って支援を行うことを伝えなければならない。

4－2　社会福祉士は、クライエントが自身の権利について理解できるよう支援しなければならない。

4－3　社会福祉士は、クライエントが必要とする情報を十分に説明し、理解できるよう支援しなければならない。

4－4　社会福祉士は、自身が行う実践について、クライエントだけでなく第三者からも理解が得られるよう説明できなければならない。

5．クライエントの自己決定の尊重

社会福祉士は、クライエントの自己決定を尊重して支援しなければならない。

5－1　社会福祉士は、クライエントが自己決定の権利を有する存在であると認識しなければならない。

5－2　社会福祉士は、クライエントが選択の幅を広げることができるように、必要な情報を提供し、社会資源を活用しなければならない。

5－3　社会福祉士は、クライエントの自己決定に基づく行動が自己に不利益をもたらしたり、他者の権利を侵害すると想定される場合は、その行動を制限することがあることをあらかじめ伝えなければならない。また、その場合は理由を具体的に説明しなければならない。

6．参加の促進

　社会福祉士は、クライエントが自らの人生に影響を及ぼす決定や行動のすべての局面において、完全な関与と参加を促進しなければならない。

6－1　社会福祉士は、クライエントが自らの人生に影響を及ぼす決定や行動の局面への関与や参加から排除されがちな現状について認識しなければならない。

6－2　社会福祉士は、クライエントの関与と参加を促進するために、クライエントの自尊心と能力を高めるよう働きかけなければならない。

6－3　社会福祉士は、クライエントの関与と参加に向けて、必要な情報や社会資源を提供したり、機会やプロセスを形成することに貢献しなければならない。

7．クライエントの意思決定への対応

　社会福祉士は、クライエントの利益と権利を擁護するために、最善の方法を用いて意思決定を支援しなければならない。

7－1　社会福祉士は、クライエントを意思決定の権利を有する存在として認識しなければならない。

7－2　社会福祉士は、クライエントの意思決定能力をアセスメントしなければならない。

7－3　社会福祉士は、クライエントの意思決定のためにクライエントの特性や状況を理解し、その特性や状況に応じた最善の方法を用いなければ

ならない。

8．プライバシーの尊重と秘密の保持

社会福祉士は、クライエントのプライバシーを尊重し、秘密を保持しなければならない。

8－1　社会福祉士は、クライエントが自らのプライバシーの権利を認識できるように働きかけなければならない。

8－2　社会福祉士は、クライエントの情報を収集する場合、クライエントの同意を得なければならない。ただし、合理的な理由がある場合（生命、身体又は財産の保護のために緊急に必要な場合など）は、この限りではない。

8－3　社会福祉士は、業務の遂行にあたり、必要以上の情報収集をしてはならない。

8－4　社会福祉士は、合理的な理由がある場合を除き、クライエントの同意を得ることなく収集した情報を使用してはならない。

8－5　社会福祉士は、クライエントのプライバシーや秘密の取り扱いに関して、敏感かつ慎重でなければならない。

8－6　社会福祉士は、業務中であるか否かにかかわらず、また業務を退いた後も、クライエントのプライバシーを尊重し秘密を保持しなければならない。

8－7　社会福祉士は、記録の取り扱い（収集・活用・保存・廃棄）について、クライエントのプライバシーや秘密に関する情報が漏れないよう、慎重に対応しなければならない。

9．記録の開示

社会福祉士は、クライエントから開示の要求があった場合は、原則として記録を開示しなければならない。

9－1　社会福祉士は、クライエントが記録の閲覧を希望した場合は、特別な理由なくそれを拒んではならない。

9－2　社会福祉士は、クライエント自身やクライエントを取り巻く環境の安

全が脅かされると想定する場合は、その限りではない。

10. 差別や虐待の禁止

社会福祉士は、クライエントに対していかなる差別や虐待も行ってはならない。

10－1　社会福祉士は、クライエントに対して肉体的・精神的苦痛や損害を与えてはならない。

10－2　社会福祉士は、差別や虐待を受けている可能性があるクライエントを発見した場合、すみやかに対応しなければならない。

10－3　社会福祉士は、差別や虐待について正しい知識を得るようにしなければならない。

10－4　社会福祉士は、クライエントが差別や虐待の状況を認識できるよう働きかけなければならない。

11. 権利擁護

社会福祉士は、クライエントの権利を擁護し、その権利の行使を促進しなければならない。

11－1　社会福祉士は、クライエントの権利について十分に認識し、敏感かつ積極的に対応しなければならない。

11－2　社会福祉士は、クライエントの権利が擁護されるよう、環境に働きかけなければならない。

11－3　社会福祉士は、クライエントの権利擁護について積極的に啓発しなければならない。

11－4　社会福祉士は、クライエントが自身の権利を自覚し、適切に行使できるよう支援しなければならない。

12. 情報処理技術の適切な使用

社会福祉士は、業務を遂行するにあたり情報処理技術を適切に使用しなければならない。

12－1　社会福祉士は、クライエントの権利を擁護するために、情報リテラシーを高める必要があることを自覚しなければならない。

12－2　社会福祉士は、情報処理に関する原則やリスクなどの最新情報につい

て学ばなければならない。

12－3　社会福祉士は、各種の情報媒体を適切に利用し、必要な情報を収集・整理し、活用しなければならない。

12－4　社会福祉士は、情報処理技術（デジタル化された情報、デジタル・ネットワークを活用した情報の収集・拡散を含む）が、クライエントの権利を侵害することがないよう、細心の注意を払わなければならない。

12－5　社会福祉士は、クライエントの情報を電子媒体などにより取り扱う場合、厳重な管理体制と最新のセキュリティに配慮しなければならない。また、クライエントの個人情報の乱用・紛失その他あらゆる危険に対し、安全保護に関する措置を講じなければならない。

12－6　社会福祉士は、クライエントが SNS の利用などにより権利を侵害された場合は、情報処理技術や法律などの専門職と連携して、その回復に努めなければならない。

II 組織・職場に対する倫理責任

1．最良の実践を行う責務

社会福祉士は、所属する組織・職場の基本的な使命や理念を認識し、最良の実践を行わなければならない。

1－1　社会福祉士は、所属する組織・職場における専門職としての使命と職責を認識しなければならない。

1－2　社会福祉士は、本倫理綱領に基づき、所属する組織・職場における専門職としての職責を果たさなければならない。

2．同僚などへの敬意

社会福祉士は、同僚や上司・部下の職責や専門性の違いを尊重し、敬意を払って接しなければならない。

2－1　社会福祉士は、同僚や上司・部下の職責を理解し、所属する組織・職場での意思疎通が円滑に行われるよう働きかけなければならない。

2－2　社会福祉士は、同僚や上司・部下の専門性を尊重し、連携・協働を図らなければならない。

3．倫理綱領の理解の促進

　社会福祉士は、自らが所属する組織・職場において本倫理綱領および行動規範が適切に理解されるよう働きかけなければならない。

3－1　社会福祉士は、所属する組織・職場において本倫理綱領に基づいた実践を行うことによって、専門性を示さなければならない。

4．倫理的実践の推進

　社会福祉士は、組織・職場において、本倫理綱領に基づいた倫理的実践を推進しなければならない。

4－1　社会福祉士は、所属する組織・職場の方針、規則、手続き、業務命令などを本倫理綱領に沿って適切かどうかを把握しなければならない。

4－2　社会福祉士は、所属する組織・職場の方針、規則、手続き、業務命令などが本倫理綱領に反する場合は、適切・妥当な方法・手段によって提言し、改善を図らなければならない。

5．組織内アドボカシーの促進

　社会福祉士は、組織・職場におけるあらゆる虐待、差別的・抑圧的な行為、ハラスメントを認めてはならない。

5－1　社会福祉士は、組織・職場においてあらゆる虐待、差別的・抑圧的な行為、ハラスメントを認めた場合は、それらの行為が迅速かつ適切に解消するよう対応しなければならない。

5－2　社会福祉士は、組織・職場においてあらゆる虐待、差別的・抑圧的な行為、ハラスメントを防止するための周知・啓発を行い、同僚などへの権利擁護を実現しなければならない。

6．組織改革

　社会福祉士は、人々のニーズや社会状況の変化に応じて組織・職場の機能をアセスメントし、必要な改革を図らなければならない。

6－1　社会福祉士は、人々や地域社会のニーズ、社会状況の変化をアセスメ

社会福祉士の行動規範

ントしなければならない。

6－2　社会福祉士は、人々や地域社会のニーズ、社会状況の変化に照らして組織・職場の機能をアセスメントしなければならない。

6－3　社会福祉士は、組織・職場の機能が人々や地域社会のニーズ、社会状況の変化に対応していない場合には、必要な組織改革を行わなければならない。

Ⅲ　社会に対する倫理責任

1．ソーシャル・インクルージョン

　社会福祉士は、あらゆる差別、貧困、抑圧、排除、無関心、暴力、環境破壊などを認識した場合は、専門的な視点と方法により、解決に努めなければならない。

1－1　社会福祉士は、あらゆる差別、貧困、抑圧、排除、無関心、暴力、環境破壊などに専門的な視点から関心を持たなければならない。

1－2　社会福祉士は、専門的な視点と方法により、クライエントの状況とニーズを社会に発信し、ソーシャル・インクルージョンの実現に努めなければならない。

2．社会への働きかけ

　社会福祉士は、人権と社会正義が守られるよう、人々とともに社会に働きかけなければならない。

2－1　社会福祉士は、社会における人権と社会正義の状況に関心を持たなければならない。

2－2　社会福祉士は、人権と社会正義の増進において変革と開発が必要であるとみなすとき、人々が主体的に社会の政策・制度の形成に参加し、互恵的な社会が実現されるよう支援しなければならない。

2－3　社会福祉士は、集団の有する力を認識し、人権と社会正義の実現のために、人と環境の双方に働きかけなければならない。

169

３．グローバル社会への働きかけ

　社会福祉士は、人権と社会正義に関する課題についてグローバル社会に働きかけなければならない。

３－１　社会福祉士は、グローバル社会の情勢に関心を持たなければならない。

３－２　社会福祉士は、グローバル社会における文化的社会的差異を認識し、多様性を尊重しなければならない。

３－３　社会福祉士は、出自、人種、民族、国籍、性別、性自認、性的指向、年齢、身体的精神的状況、宗教的文化的背景、社会的地位、経済状況などによる差別、抑圧、支配などをなくすためのソーシャルワーカーの国際的な活動に連帯しなければならない。

Ⅳ　専門職としての倫理責任

１．専門性の向上

　社会福祉士は、最良の実践を行うため必要な資格を所持し専門性の向上に努めなければならない。

１－１　社会福祉士は、研修・情報交換・自主勉強会などの機会を活かして、常に自己研鑽に努めなければならない。

１－２　社会福祉士は、常に自己の専門分野や関連する領域の情報に精通するよう努めなければならない。

１－３　社会福祉士は、自らの実践力を明らかにするために、専門性の向上に合わせて必要な資格を取得しなければならない。

２．専門職の啓発

　社会福祉士は、本倫理綱領を遵守し、専門職として社会的信用を高めるように努めなければならない。

２－１　社会福祉士は、クライエント・他の専門職・市民に社会福祉士であることを名乗り、専門職としての自覚を高めなければならない。

２－２　社会福祉士は、自己が獲得し保持している専門的力量をクライエント・他の専門職・市民に適切な手段をもって伝え、社会的信用を高め

るよう努めなければならない。

2－3　社会福祉士は、個人並びに専門職集団として、責任ある行動をとり、その専門職の役割を啓発するよう努めなければならない。

3．信用失墜行為の禁止

社会福祉士は、専門職としての信用を失墜する行為をしてはならない。

3－1　社会福祉士は、倫理綱領及び行動規範を逸脱する行為をしてはならない。

3－2　社会福祉士は、倫理綱領及び行動規範を遵守し、社会的信用を高めるよう行動しなければならない。

4．社会的信用の保持

社会福祉士は、専門職としての社会的信用を保持するために必要な働きかけを相互に行わなければならない。

4－1　社会福祉士は、他の社会福祉士の行為が社会的信用を損なう可能性がある場合、その内容や原因を明らかにし、本人に必要な対応を促さなければならない。

4－2　社会福祉士は、他の社会福祉士の行為が倫理綱領および行動規範を逸脱するとみなした場合は、本人が所属する社会福祉士会や関係機関などに対して適切な対応を取るよう働きかけなければならない。

4－3　社会福祉士は、社会的信用を保持するため、他の社会福祉士と協力してお互いの行為をチェックし、ともに高め合わなければならない。

5．専門職の擁護

社会福祉士は、専門職として不当な批判を受けることがあれば、連帯してその立場を擁護しなければならない。

5－1　社会福祉士は、専門職として日頃から高い倫理観を持って自らを律しなければならない。

5－2　社会福祉士は、社会福祉士の専門性に対する不当な批判や扱いに対して、正当性をアピールするなど適切な対応をしなければならない。

6．教育・訓練・管理における責務

社会福祉士は、専門職として教育・訓練・管理を行う場合、それらを受ける人の専門性の向上に寄与しなければならない。

6－1　社会福祉士は、後進育成にあたっては、対象となる人の人権を尊重しなければならない。

6－2　社会福祉士は、研修や事例検討などの企画・実施にあたっては、その効果が最大限になるように努めなければならない。

6－3　社会福祉士は、スーパービジョンを行う場合、専門職として公正で誠実な態度で臨み、その機能を積極的に活用して社会福祉士の専門性の向上に寄与しなければならない。

6－4　社会福祉士は、業務のアセスメントや人事考課にあたっては、明確な基準に基づいて行い、評価の判断を説明できるようにしておかなければならない。

6－5　社会福祉士は、組織マネジメントにあたっては、職員の働きがいを向上させ、クライエントの満足度を高めるようにしなければならない。

7．調査・研究

社会福祉士は、調査・研究を行うにあたっては、その目的、内容、方法などを明らかにし、クライエントを含む研究対象の不利益にならないように、最大限の倫理的配慮を行わなければならない。

7－1　社会福祉士は、調査・研究を行うにあたっては、日本社会福祉士会が定める研究倫理に関する規程などに示された内容を遵守しなければならない。

7－2　社会福祉士は、調査・研究の対象者とその関係者の人権に最大限の配慮をしなければならない。

7－3　社会福祉士は、事例研究などにケースを提供するにあたっては、ケースを特定できないように配慮し、その関係者に対して事前に了解を得なければならない。

社会福祉士の行動規範

8．自己管理

　社会福祉士は、自らが個人的・社会的な困難に直面する可能性があることを自覚し、日頃から心身の健康の増進に努めなければならない。

8－1　社会福祉士は、自身の心身の状態が専門的な判断や業務遂行にどのように影響しているかについて、認識しなければならない。

8－2　社会福祉士は、自身が直面する困難が専門的な判断や業務遂行に影響を及ぼす可能性がある場合、クライエントなどに対する支援が適切に継続されるよう、同僚や上司に相談し対応しなければならない。

━ 著者紹介 ━

亀﨑 美沙子（かめざき・みさこ）【はじめに、第4章、第7章】

日本社会事業大学社会福祉学部／日本社会事業大学大学院社会福祉学研究科 准教授。神戸大学大学院人間発達環境学研究科博士後期課程人間発達専攻修了（博士（教育学））。江東区東陽子ども家庭支援センター非常勤職員、東京家政大学家政学部助教、松山東雲短期大学保育科専任講師、十文字学園女子大学人間生活学部准教授を経て、現職。主著に、『子育て支援における保育者の葛藤と専門職倫理──「子どもの最善の利益」を保障するしくみの構築にむけて』（単著、明石書店）、『保育の専門性を生かした子育て支援──「子どもの最善の利益」をめざして』（単著、わかば社）など。

鶴 宏史（つる・ひろふみ）【第1章、第2章、第3章、おわりに】

武庫川女子大学教育学部 教授。大阪府立大学大学院人間社会学研究科博士後期課程社会福祉学専攻修了（博士（社会福祉学））。児童発達支援センター職員、帝塚山大学現代生活学部専任講師、武庫川女子大学教育学部准教授等を経て、現職。主著に、『保育ソーシャルワーク論』（単著、あいり出版）、『保育所等の子ども家庭支援の実態と展望』（共編著、中央法規出版）、『保育所等における子ども家庭支援の展開』（共著、晃洋書房）、『障害児保育』（編著、晃洋書房）など。

中谷 奈津子（なかたに・なつこ）【第5章、第6章】

神戸大学大学院人間発達環境学研究科 教授。金城学院大学大学院人間生活学研究科博士後期課程人間生活学専攻修了（博士（学術））。中京女子大学（後、至学館大学に校名変更）人文学部准教授、大阪府立大学人間社会学部准教授、大阪府立大学地域保健学域教育福祉学類准教授、同教授、神戸大学大学院人間発達環境学研究科准教授を経て、現職。主著に、『地域子育て支援と母親のエンパワーメント──内発的発展の可能性』（単著、大学教育出版）、『住民主体の地域子育て支援』（編著、明石書店）、『保育所等の子ども家庭支援の実態と展望』（共編著、中央法規出版）、『保育所等における子ども家庭支援の展開』（編著、晃洋書房）など。

保育者のための専門職倫理ハンドブック
──事例から学ぶ実践への活用法

2024 年 12 月 10 日　初版第 1 刷発行

著者	亀﨑 美沙子
	鶴 宏史
	中谷 奈津子
発行者	大江道雅
発行所	株式会社　明石書店

〒 101-0021 東京都千代田区外神田 6-9-5
電話　03 (5818) 1171
FAX　03 (5818) 1174
振替　00100-7-24505
https://www.akashi.co.jp/

装丁・組版	明石書店デザイン室
イラスト	吉田葉子
印刷・製本	モリモト印刷株式会社

（定価はカバーに表示してあります）　ISBN978-4-7503-5861-1

JCOPY 〈出版者著作権管理機構　委託出版物〉
本書の無断複製は著作権法上での例外を除き禁じられています。複製される場合
は、そのつど事前に、出版者著作権管理機構（電話 03-5244-5088、FAX 03-
5244-5089、e-mail: info@jcopy.or.jp）の許諾を得てください。

子育て支援における保育者の葛藤と専門職倫理

亀﨑美沙子 著

「子どもの最善の利益」を保障するしくみの構築にむけて

■A5判／上製／208頁 ◎3800円

「子どものために」と「保護者のために」。子どもの最善の利益を保障するために、子育て支援において保育者が板挟みになる葛藤の内実を分析し、判断基準・解決の手立てとして専門職倫理の必要性と有用性を研究した一冊。体系化に向けての課題も指摘。

●内容構成●

序　章　本書の背景と目的
——子育て支援において「子どもの最善の利益」を保障するために

第1章　子育て支援の葛藤の解決における専門職倫理の有用性

第2章　子育て支援の葛藤と専門職倫理に関する研究動向

第3章　保育者が直面する子育て支援の葛藤

第4章　子育て支援にかかわる保育者の倫理的責任

第5章　子育て支援における保育者の専門職倫理意識

第6章　保育者養成における専門職倫理教育

終　章　「子どもの最善の利益」を保障するしくみの構築にむけて

住民主体の地域子育て支援
全国調査にみる「子育てネットワーク」
山縣文治監修　中谷奈津子編
◎2400円

子どもの権利ガイドブック【第3版】
日本弁護士連合会子どもの権利委員会編著
◎4000円

世界の保育の質評価
制度に学び、対話をひらく
秋田喜代美、古賀松香編著
◎3200円

3000万語の格差
ダナ・サスキンド著　掛札逸美訳　高山静子解説
赤ちゃんの脳をつくる、親と保育者の話しかけ
◎1800円

保育の質を考える
安心して子どもを預けられる保育所の実現に向けて
近藤幹生、幸田雅治、小林美希編著
◎2300円

混迷する保育政策を解きほぐす
量の拡充・質の確保・幼児教育の振興のゆくえ
柏女霊峰著
◎1800円

幼児教育と「こども環境」
豊かな発達と保育の環境
氏原陽子、倉賀野志郎、くしろせんもん学校・幼児の「環境」研究グループ編著
◎2000円

OECD保育の質向上白書
人生の始まりこそ力強く：乳幼児期の教育とケア（ECEC）のツールボックス
OECD編著　秋田喜代美、阿部真美子、一見真理子、門田理世、北村友人、鈴木正敏、星三和子訳
◎6800円

〈価格は本体価格です〉